取引法務と
会計・税務の勘所

法務・経理・税務担当者の基礎知識

［編著］

弁護士・公認会計士　　　　　弁護士

北村導人　黒松昂蔵

［著］

PwC弁護士法人

商事法務

はしがき

　企業は売買、役務提供、ライセンス、ローン、出資および株式譲渡などさまざまな取引等を行っている。これらの取引等の契約書の作成に当たっては、一般に、取引等に係る事業部門および法務部門でその内容についての検討がなされる。筆者らは、日常的に法務と会計・税務が交錯する分野を取り扱っており、法務的観点のみならず、会計や税務の観点も加えた、総合的視点で、契約書の作成、レビューおよび助言等を行っている。かかる業務を通じて、企業が作成した契約書について、法務部門の視点だけではなく、経理・税務部門と適切に連携して、経理・税務部門の視点からのレビューを適切に行っておけば、法務および会計・税務上の問題を未然に防ぐことができたという事案が少なからず存在することを認識している。そこで、本書では、法務・経理・税務の連携の不備等を理由とした事後的な問題が生じないよう、企業の法務担当者が扱う典型的な取引に係る契約類型に関して、契約書を作成する際に習得しておくべき会計上・税務上の留意点について具体的に解説することとした。

　本書が、法務・経理・税務の各担当者その他関係者による法務・会計・税務の交錯ポイントの理解を促進し、各担当者間の積極的連携を通じた、法務・会計・税務のいずれの観点からも適切な契約書を作成することに寄与できれば幸いである。

　本書の出版・企画については、商事法務の澁谷禎之氏をはじめとする皆様に全面的にお世話になった。厚く御礼を申し上げたい。

2022 年 12 月

PwC弁護士法人

パートナー代表　北村　導人

目　　次

第14章　消費税のインボイス制度と独占禁止法

第 1 章

契約書作成における法務・経理・税務の
連携の必要性

1　はじめに

　企業は日常的にさまざまな取引等を行っている。売買、役務提供、ライセンス、ローン、出資および株式譲渡などその内容はさまざまであるが、いずれも取引等に係る契約が締結されることとなる。わが国においては、法令上契約書等の作成が要求される契約類型（要式契約）以外の場合には、口頭でも契約は成立するが（民法 522 条 2 項）、取引等に係る権利義務の明確化、紛争時のリスク回避・解決方法等を考慮して、契約書が作成されるのが一般的である。

　かかる契約書の作成に当たっては、一般に、取引等に係る事業部門および法務部門でその内容についての検討がなされる。筆者らが関わる法務と会計または法務と税務が交錯する案件においては、契約書作成の際に法務部門の視点だけではなく、経理・税務部門と適切に連携して、経理・税務部門の視点からのレビューを適切に行っておけば、法務および会計・税務上の問題が生じることを未然に防ぐことができたという事案が少なからず存在する。

　そこで、法務・経理・税務の連携の不備等を理由とした事後的な問題が生じないよう、本書にて、企業の法務担当者が扱う典型的な取引に係

る契約類型に関して、法務担当者として契約書を作成する際に習得しておくべき会計上・税務上の留意点について具体的に解説する。本書を通して、法務担当者が、経理・税務担当者の契約書レビューにおける視点や懸念点等を理解し、実務上、経理・税務担当者との間で適切かつ適時の連携を行うことで、法務・会計・税務いずれの視点からも適切な契約書を作成することに、寄与することができれば幸いである。

　本章では、具体的な取引法務の類型ごとの会計・税務上の留意点に入る前の総論として、①取引法務における契約書作成の必要性（法務・会計・税務の各視点から）（後記 **2**）、②契約書作成のワークフローと法務・経理・税務等の担当者の関与（後記 **3**）、③予防法務の観点からの法務・経理・税務の連携の必要性（後記 **4**）を、以下論じることとする。

2　取引法務における契約書作成の必要性 （法務・会計・税務の各視点から）

⑴　法務の観点からの契約書作成の必要性

　まず、法務の視点からの契約書作成の必要性としては、一般に、契約当事者における合意内容（目的、各当事者の権利義務、条件、期限、解除、損害賠償、準拠法、紛争時の合意管轄等）の明確化、取引等に係る適切なリスク配分ならびにリスク顕在化時の当事者間の負担および手続を定めることによる紛争予防、紛争時における立証手段の確保等があげられる。とりわけ、いわゆる二段の推定[1] および処分証書の法理[2] を通じ

---

1) 民事訴訟において、契約書が書証として証拠能力が認められるためには、文書の作成者とされている者（作成名義人）が真実の作成者であること、すなわち、その成立が真正であることが証明されなければならない（民事訴訟法 228 条 1 項）。かかる文書の成立の真正については、①私文書に、作成名義人の印章を用いて、作成名義人の印影が顕出されている場合には、特段の反証のない限り、当該印影は、本人またはその代理人の意思に基づいて顕出されたものであることが推定され（一段目の推定。最三判昭和 39・5・12 民集 18 巻 4 号 597 頁）、②その推定により、同法 228 条 4 項の要件が満たされることにより、当該文書全体が真正に成立したことが推定される（二段目の推定）ものとされている。この二段の推定により、契約書に、作成名義人の印章を用いて、作成名義人の印影が顕出されている場合には、特段の反証のない限り、当該契約書全体が真正に成立したことが推定されることとなる。

2

て、契約書に、作成名義人の印章を用いた印影が顕出されている場合、特段の反証がない限り、契約書に記載された事実が訴訟において認められることになる。法務の視点からは、かかる契約書の紛争時における立証手段としての機能が、契約書を作成する際の最も重要な意義と考えられよう。

また、民法上の典型契約に係る任意規定とは異なる合意をする場合や、非典型契約や複合的な契約を締結し、民法には定められていない法律効果の発生を求める場合には、その合意内容を明確にするために契約書を作成することが必須となる。その他、外国では、米国の詐欺防止法のように、一定の契約類型について契約書が作成されていない場合に司法上の救済が得られないような立法例があり[3]、外国法に基づき契約書が必要となることもある。

(2) 会計の観点からの契約書作成の必要性
——検証可能性・監査証拠の確保

次に、会計の観点からの契約書の作成の必要性について検討する。企業会計は、企業の財政状態および経営成績に関して、真実な報告を提供するものでなければならない（真実性の原則）[4]。それゆえ、企業の取引実態を示す契約書は、当該取引実態の内容を正確に反映するものでなければならず、取引実態を正確に反映した契約書に、会計上必要な規定が定められ、当該規定の内容に基づいて、会計帳簿等が作成されなければならない。

また、企業会計は、すべての取引につき、正規の簿記の原則に従っ

---

2) 処分証書、すなわち、証明しようとする法律行為が記載されている文書（契約書、手形、遺言書など）について、その文書の真正が成立している場合には、特段の事情がない限り、その記載どおりの事実が認められるものとされている（処分証書の法理。最一判昭和32・10・31民集11巻10号1779頁、最一判昭和45・11・26集民101号565頁参照）（司法研修所編『民事訴訟における事実認定』（法曹会、2007）21頁参照）。

3) アメリカ統一商法典（UCC）§2-201等参照。

4) 企業会計原則第1の1項。

て、正確な会計帳簿を作成しなければならないとされているが[5]、当該原則の一内容として、会計帳簿は検証可能な証拠資料に基づいていること（検証可能性）が求められている。かかる観点から、検証可能な証拠資料の1つとして、取引に際して、契約書を作成する必要がある。

　さらに、会計監査の場面に目を向けると、監査人が監査意見表明の基礎となる個々の結論を導くために利用する情報を監査証拠というが、契約書もこの監査証拠の1つである。監査人は、十分かつ適切な監査証拠を入手するために、個々の状況において適切な監査手続を実施しなければならないとされているが[6]、企業にとって、契約書の作成は、監査人に提供する監査証拠を確保するという側面を持つということができる。

⑶　税務の観点からの契約書作成の必要性
──税務調査・税務争訟対応

　税務の観点からも契約書の作成には重要な意義がある。

　まず、税務上の処理は、取引等に係る契約当事者間で合意した内容を前提として行われるものであるから、その合意内容を明確に記載した契約書の作成は適切な税務上の処理を行うためには必須といえる。

　また、課税当局による税務調査や税務争訟において、無用な争点を増やすことのないよう、あらかじめ、課税当局に合理的な説明をし得る、取引実態に即した契約書を作成しておくことはきわめて重要である。仮に契約書が作成されていない場合、取引内容を認定する際の証拠が、取引担当者の証言や、取引の際のメールの内容等に限られることになるため、税務調査対応の際に、課税当局が恣意的な事実認定を主張する余地が生じ、また、税務争訟においては、審判官や裁判官が、納税者の認識とは異なる事実認定を行う可能性も否定できない。

　なお、契約書を作成するに当たっては、実際の取引実態と合致したも

5）企業会計原則第1の2項。
6）日本公認会計士協会監査基準委員会「監査基準委員会報告書500 監査証拠」（2011）5項。

のであるかを慎重に検討する必要がある。仮に、取引実態に合致していない内容の契約書を作成した場合、後日、実際の取引実態に基づく主張をしたとしても課税当局等において認められない可能性が存するほか、契約書の内容次第では、虚偽の証拠を作成したと評価され、重加算税が賦課される可能性がある（国税通則法68条1項）。

　そのため、当事者が意図した取引実態と合致した契約書の作成を行うことにより、税務調査対応および税務争訟を見据えた証拠を事前に作成しておくことが、税務コンプライアンス上、きわめて重要である。

　なお、これらの税務の観点からの契約書作成の必要性は、法務上、紛争化することが想定し難いグループ企業間の取引においても同様に当てはまる（むしろグループ企業間の取引については独立第三者と同様の条件で取引がなされているか等の観点から税務調査において特に調査対象となり得るため、税務の観点からは契約書作成の必要性が高い[7]）。

3　契約書作成のワークフローと法務・経理・税務担当者、事業・企画担当者の関与

　契約書作成に関わるワークフローにおいては、定型的な取引で日常的に行われるルーティーンの取引とM&Aや業務提携等の個別性の強いノン・ルーティーンの取引とで、法務担当者の関与の度合いや、経理・税務等の担当者との連携の時期および内容が異なる。

(1)　ルーティーンの取引の場合

　ルーティーンの取引を行う場合、法務担当者による最初の関与は、当該取引を行う場合に一般的に使用すべき契約のひな型の作成となる。法

7）近年は、国境を跨ぐグローバル取引が盛んに行われるようになっているが、海外グループ会社との関係においては、移転価格税制の適用が問題となる。移転価格税制においては、納税者側に「文書化」に関する規定が設けられており、たとえば、「国外関連取引に係る契約書又は契約の内容を記載した書類」の作成が求められる（租税特別措置法66条の4第6項、同施行規則22条の10第6項1号ニ）。

5

務担当者は、事業担当者から、事業内容および定型的な取引等の内容を聴取し、汎用性の高い契約書を作成することとなる。その際、ひな型として機能するように、社内ルール等で契約に一般に規定すべきとされている事項や法令や規制等に基づき規定されるべき事項等についても契約条項として定めることとなる。

　このひな型作成に当たっては、その後当該ひな型に基づいて多数の取引が行われることが想定されることから、その作成段階において、財務・経理および税務担当者に事業内容や取引に関する説明を行った上で、会計・税務の観点から留意すべき事項について助言を求め、その内容を適切にひな型に反映することが肝要である。また、いったんひな型が作成された後は、当該ひな型に基づき（基本的には修正等を入れることなく）、事業担当者により相手方と契約が締結されるが、たとえば新たな会計基準の策定や税制改正等により修正すべき事項が生じることもあるため、定期的に法務・経理・税務で連携してひな型のアップデートの有無の確認を行う必要がある。

　なお、ルーティーンの取引について、取引の相手方との力関係等によっては、自社のひな型ではなく、相手方より提示された契約書ひな型に基づき取引を行わなければならないケースも考えられる。この場合には、法務担当者としては、当初の取引開始前（ひな型使用前）に、当該ひな型のドラフトに、自社が法的に不利な立場に置かれるような条項はないか、自社の社内ルールに照らして問題ないか等を確認するとともに、財務・経理および税務等の担当者と連携の上、会計・税務の観点からも特段ひな型の内容について相手方と交渉すべき点がないか等について検討する必要がある。

⑵　ノン・ルーティーンの取引の場合

　M&Aや業務提携などのノン・ルーティーンの取引に係る契約については、ルーティーンの取引に係る契約と異なり、相手方との交渉により当初の契約条項案からその内容が変更されることが想定される。取引の相手方からのコメントについて、社内ルール等との関係から受諾可能か、一定の承認が必要となるのかを検討するのみならず、財務・税務に

影響を与え得るものであれば経理・税務の担当者との協議や調整が必要となる。また、相手方からのコメントが業務フローに影響を与えるもの（たとえば、誓約事項として一定の財務指標の遵守が求められる場合に、当該指標のモニタリングの可否等）であれば、受諾した場合の遂行の可否について、関連する部署の担当者に確認する必要が生じる場合がある。ノン・ルーティーン取引については、相手方との交渉が困難とならないよう、早期の段階で、かつタイムリーに各部署で連携することが重要である。

(3) 経理・財務および税務担当者の関与

　上記のとおり、契約書の作成は一義的には法務担当者がその責任をもって行うのが一般的であるが、その取引類型を考慮しながら、経理および税務担当者に、どのタイミングで、どのような視点で契約書の作成に関与してもらうかという点について、法務担当者としてあらかじめ経理・税務担当者とコミュニケーションを取り、想定されるプロセスについてコンセンサスを取っておくことが重要である。そして、そのような連携を効果的かつ効率的に行うためにも、法務担当者としても契約書作成に当たり必要な会計・税務の基礎的な知識を有しておくことが重要である。

4 予防法務の観点からの法務・経理・税務の連携の必要性

(1) 契約書に関する法務・会計・税務の視点
──具体例を踏まえて

　契約書作成においては、法務・会計・税務それぞれの視点での必要性および確認すべきポイントがある。実務では、さまざまな契約類型があり、それに伴う多数の論点に直面することとなるが、以下では、典型的な事例の一部の概要を取り上げて、契約書に対する法務・会計・税務の視点を示し、法務部門と経理・税務部門の連携の重要性について述べる。

ア　ケース1　不動産の売買契約を締結する際に対価の内訳を明示しないケース

このケースでは、法務上、売買契約においては、目的物（土地および建物）、代金額の総額等が定められていれば、売買契約としては有効であり、土地と建物の対価の内訳については必ずしも記載する必要はない。

しかしながら、会計上、建物は減価償却資産であるのに対して、土地は減価償却資産には該当しないため、会計処理が異なる。また、税務の観点からも、たとえば、消費税法上、土地の売買は非課税取引である（6条）が、建物の売買は課税取引である（4条）。このように、会計・税務の観点からは、事後的に按分方法等について無用な議論を招かないよう、対価の内訳を明記することが望ましい。本事例のように、法務部門としては、法務上は必須の記載事項ではないものの、会計・税務の観点から契約書において明確にしておくべき事項があることを十分に認識した上で、経理・税務と適切に連携することが重要である。

イ　ケース2　サービスの内容により修繕費と資本的支出の区分が問題となるケース

保守契約等について、法務の観点からは、提供するサービスの内容および対価等が記載されていれば法的有効性の観点からは特段問題ない。

しかしながら、会計・税務上は、サービスの内容によって資本的支出と修繕費の区分[8] が問題となり得る。たとえば、機器の保守契約等においては、当該機器の当初の性能を維持するためのメンテナンスと、機器の性能を拡張して当該機器の価値を増加させるアップグレードの要素の両方が含まれている場合がある。前者は、修繕費として処理され、後者は、一般に、資本的支出に該当し、当該機器の取得原価に含めて処理される。この事例において、契約書上、サービス内容の内訳が不明確で

---

[8] 資本的支出とは、固定資産の改良や耐用年数の延長等により、固定資産の価値を増加させる支出のことをいい、固定資産の取得原価に含めて処理を行う。一方、修繕費とは、当初の固定資産の耐用年数や機能を維持するための支出をいい、会計・税務上、費用または損金として処理を行うことになる。

ある場合や対価を総額で記載している場合においては、会計上または税務上、事後的に、当該対価の総額のうち資本的支出または修繕費として処理すべき範囲および金額に関する判断が困難となる。そのため、契約書作成の際に、法務はこのような観点から経理・税務と連携を取り、サービス内容を明確化するとともに、各サービスに対応する形で費用の内訳を契約書に記載しておくことが望ましい。

ウ　ケース３　収益認識基準の観点が欠落した内容の契約書が作成されるケース

　たとえば、委任契約においては、法務上は、業務範囲、履行方法、再委託、秘密保持、個人情報の取扱い等は規定されるものの、収益の認識に関する条項（特に成果完成型の委任契約（民法648条の2）における成果未完成等の場合の受任者の割合的報酬請求権の有無およびその算定方法等）について、条項が設けられていない、または記載が明確でないケースが見受けられる。このような場合、「収益認識に関する会計基準」[9] 所定の要件に照らして、一定の期間にわたり収益を認識すべきか（その場合の金額はいくらとすべきか）、または一定時点において収益を認識すべきかなど、会計上の処理が不明確となる可能性が考えられる。会計上の収益認識のタイミングは、税務上の益金計上時期にも影響を与えることとなるため（法人税法22条の2）、税務調査等による課税当局への合理的な説明の観点からも、上記のような契約上の記載内容の検討が必要となる。

エ　ケース４　契約書上の源泉徴収や消費税の取扱いが十分に検討されていないケース

　取引等に係る対価の定めについては、法務部門においてもその内容に当事者の意図するところが反映されているか等について確認が行われるが、源泉徴収や消費税の取扱いについて十分に検討がなされていない

---

9) 2021年4月1日以降に開始する連結会計年度および事業年度の期首から適用されるものとされている、企業会計基準第29号。

ケースが見受けられる。このようなケースでは、特に金額的重要性の高い取引等において、取引当事者に意図せぬ重大な経済的負担を生じさせることがある。たとえば、外国企業等との取引において、代金の支払者において支払金額から一定金額を控除して納税を行う、いわゆる源泉徴収が行われる場合がある。この源泉徴収に関して、受領者として、いわゆるグロスアップ条項[10] を定めるべきか、支払者として、グロスアップ条項の定めを拒否すべきか等の検討を要する。また、消費税についても、不利な形で負担者が定められていないか、負担者が不明確でないかなどの検討を要する。このように、源泉徴収や消費税に係る経済的負担や紛争予防のために、あらかじめ取引前に経理・税務と連携を行い、慎重に検討を行うことが肝要である。

オ　ケース５　契約書名から想起される内容と実際の契約内容に齟齬があるケース

　法務上は、たとえば、「ライセンス契約」等の契約書名は当事者の合意内容を構成するものではない。しかしながら、たとえば、税務調査の場面においては、契約内容がいわゆる著作権等の使用許諾を伴うことのない役務の提供に過ぎない場合においても、課税当局が、契約書名が「ライセンス契約」とされていることに着目し、当該契約の内容が著作権等の使用許諾を内容とするライセンス契約であると誤解し、著作権等の使用料の支払いに係る源泉徴収を要するとの指摘をする可能性が存する。このような無用な議論を生まないためにも、契約書作成の段階において、契約書の内容について法務と経理・税務との間で共有した上で、（法務の観点からは特段問題ないと考えられる）契約書名や契約条項について、会計・税務上の処理に影響し得る点がないかという観点から慎重に

10）グロスアップ条項とは、対価支払時の源泉徴収等にかかわらず、対価受領者の受取額を対価と同額とするという条項である（たとえば、対価100の場合に20%の源泉徴収が課せられる場合、支払者は125（125×20%=25を源泉徴収）の負担をしなければならない）。支払者としては、源泉税額相当分の負担を強いられる結果とならないように、受領者としては、外国で源泉徴収がなされた税額につき日本で外国税額控除ができない等の理由で結果的に意図せぬ負担が生じないように、慎重に検討する必要がある。

検討する必要がある。

⑵　法務・経理・税務の連携が不十分である場合の法的リスク

　法務・経理・税務の連携が行われない場合、または十分に機能しない場合には、さまざまなコンプライアンス上の問題が生じ得る。

　たとえば、このような連携の不備が不正会計・会計コンプライアンス違反を惹起し、その内容によっては、最終的には、取締役等に対する特別背任罪（会社法960条）、有価証券報告書虚偽記載罪（金融商品取引法197条1項1号）等のリスクが生じることも考えられる。また、契約内容と会計処理との間に矛盾が生じることにより、会計監査において監査人による指摘が入り、その質的または金額的重要性によっては監査意見に影響が生じることも考えられる。

　さらに、税務調査対応の際に、契約書に税務上必要な情報が記載されていない、または税務上誤解を招くような表現が用いられる等により課税当局との間で無用な議論が生じ、場合によっては納税者が意図するところと異なる事実認定がなされ、思わぬ課税処分がなされる可能性がある（場合によっては重加算税賦課のリスクも存する）。さらには、税務争訟においても、同様に、争訟における争点を増やすこととなるほか、審判官や裁判官が、納税者の認識とは異なる事実認定を行い、税務争訟の帰結にも影響する可能性も否定できない（上記**2**⑶参照）。

　このようなリスクを排除するためには、法務、経理、税務等企業内部の各部門においてかかるリスクが存することを認識した上で、連携の必要性があることを十分に理解しておくことが重要である。その上で、各部門の視点から、取引実態を反映した契約書が作成されているか、会計処理・税務処理に必要な条項が定められているか、会計処理・税務処理を行う上で論点となり得る条項（規定の表現等を含む）が定められていないか、会計監査や税務調査・税務争訟等を念頭に合理的な説明をし得る内容となっているか、などを確認し、多角的な検討がなされる必要があると考えられる。

◇第2章 ◇◇◇◇◇◇◇◇◇◇◇◇◇◇◇◇◇◇◇◇◇◇◇◇◇◇◇◇◇◇◇◇◇◇◇◇◇

取引法務に関連する各種租税等と実務上の留意点

◇◇◇

1 はじめに

　企業の法務担当者が契約書作成等に従事する際には、取引法務に関連する租税の種類（税目）や制度の概要等をあらかじめ理解しておくことが重要である。とりわけ取引に係る租税の負担は、各当事者に与える経済的インパクトが大きくなることがあるため、場合によっては取引の成立自体にも影響を及ぼし、さらにはその租税の負担をめぐって当事者間で紛争に発展することもあり得る。法務担当者としては、取引法務における租税の重要性を認識しながら、経理部・税務部と適切な連携を図り、契約書上の手当て等で適切な対応を採る必要がある。
　本章では、このような観点から、法務担当者として把握または理解しておくべき、日常的な取引法務に関連する租税の種類（後記**2**）や制度（特にグローバル取引において留意すべき国際課税制度（後記**3**））の概要等を解説するものであり、法務担当者が、これらの租税に係る基礎的な理解を得た上で、取引法務に係る実務において、効果的に他部署と連携し、法務を含む多角的な視点で適切な対応を採ることにつながることを期待するものである。

2　取引法務に関連する租税の種類と留意点

　租税に関しては**表**のとおりさまざまな種類の税目が存する。これらの租税の分類はさまざまであるが、課税の主体（国または地方公共団体）や税負担の基礎（所得、資産の所有、物やサービスの消費）の相違という観点から、各種税目を整理している。

　以下では、これらの税目のうち、法務担当者が、日常的な取引法務において直面することが多い税目を取り上げ、各税目の概要や契約書作成との関係で特に留意すべき点について論じることとする。

表　租税の種類（税目）*

	国税	地方税
所得課税	所得税、法人税、地方法人税、特別法人事業税、復興特別所得税	住民税、事業税
資産課税等	相続税・贈与税、登録免許税、印紙税	不動産取得税、固定資産税、特別土地保有税、法定外普通税、事業所税、都市計画税、法定外目的税等
消費課税	消費税、酒税、たばこ税、揮発油税、地方揮発油税、関税、とん税、特別とん税等	地方消費税、地方たばこ税、ゴルフ場利用税、軽油引取税、自動車税、軽自動車税等

＊　財務省「税の種類に関する資料」参照。

(1)　法人税

　企業の取引法務に従事する上で、法人税は最も重要な税の1つである。内国法人（法人税法2条3号）は、無制限納税義務者として、所得の源泉地が国内か国外か問わず、あらゆる所得について法人税を納付する義務を負い、外国法人は、制限納税義務者として、日本国内において所得の源泉があるものについてのみ課税がなされる（同法4条1項・3項）。

　契約書作成において、法人税との関係で特に留意すべき論点（契約書の記載内容が課税関係に影響し得るもの等）として、資本的支出と修繕費の区別[1]、減価償却資産の該当性[2]、リース取引、デリバティブ取引、外貨建取引、補償金の支払い等の各種課税関係などがある。これらの詳

細は次章以降の解説に譲るが、補償金の支払いの例を簡単に取り上げると、株式の譲渡契約で表明保証違反等が存在した場合に違反者が相手方に対して補償をすることが合意されることがある。かかる合意の下、実際に売主から買主に対して補償金の支払いが生じた場合、株式譲渡契約の規定内容等によっては、当該補償金を受領した買主において、株式の価格調整（取得価額の減額）として処理されるか、損害賠償金として益金処理（課税）されるかが異なることがある。株式譲渡契約書等の作成においては、このような法人税のインパクトを考慮した規定（補償の支払いにつき株式の譲渡対価の調整であることの明記等）を検討することが考えられる。

⑵　源泉所得税

　企業の法務担当者が見落としがちな税目として源泉所得税がある。法人間の取引においても法人が所得税の納税義務または源泉徴収義務を負うことがあることに留意しなければならない。源泉徴収制度とは、一定の物の譲渡、または、役務提供の対価の支払い等を行う場合に、当該支払金額から、一定額を控除した上で、課税当局に対して納税を行うものである。内国法人に対する利子や配当の支払い、匿名組合契約に基づく利益の分配にも源泉徴収義務が生じる（所得税法174条、212条3項）が、実務で特に留意が必要となるのは、外国企業との取引に係る源泉所得税である。すなわち、外国企業との取引における源泉所得の対象は、利子、配当、国内にある土地の譲渡等の対価、特許権・著作権等の使用料など一定の国内源泉所得であり、その範囲も幅広い（同法212条1項、161条1項4～11号・13～16号）。そのため、取引内容の法的な分析を踏まえて源泉所得税の対象となる所得に該当するか否かの検討が必要となるほか、契約書の作成においては、第1章で述べたとおり、契約当事者間における源泉所得税の経済的負担を規律する条項（グロスアップ条項[3] 等）の検討等が必要となる[4]。

---

1) 第1章の **4**⑴ケース2参照。
2) 第1章の **4**⑴ケース1参照。
3) 第1章の脚注10) 参照。

(3) 消費税

消費税は、物やサービスの消費に担税力を認め、各法人が付加した価値に応じた課税を行うものである。具体的には、事業として対価を得て行われる資産の譲渡および貸付けならびに役務の提供、外国貨物の輸入等に対して消費税が課される（消費税法4条1項・2項、2条1項8号・8号の2）。納付すべき消費税の額は、一般に、課税売上高に係る消費税額から、課税仕入等に係る消費税額を控除する（仕入税額控除）ものとされている。

契約書の作成等においては、取引対価の額に消費税額を含むか否か（消費税の負担者）を明確化する等の検討が必要となる。その際には、課税取引、不課税取引（国外取引など課税対象とならない取引）、非課税取引（課税対象となる資産の譲渡等に該当するが、土地の譲渡・貸付け、有価証券や金銭債権の譲渡など法令上非課税とされる取引）、免税取引（資産の譲渡等に該当するが、輸出取引等として免税となる取引）の区別を理解しておくことが重要である。いずれの取引に該当するかによって消費税課税の有無のみならず、仕入税額控除の計算に用いられる課税売上割合の計算に違いが生じるためである[5]。

また、消費税法上、課税資産の譲渡等を行った事業者が、当該課税資産の譲渡等に係る消費税の申告・納税を行うものとされているが、「事業者向け電気通信利用役務の提供」[6]については、国外事業者から当該役務の提供を受けた国内事業者が申告・納税を行うものとされている（リバースチャージ方式）。「事業者向け電気通信利用役務の提供」に該当

4）その他、支払先の外国企業が日本に恒久的施設を有する場合に、契約書上、源泉徴収免除手続を行っていることに関する証明書の提示を義務付けることが考えられる（所得税法180条1項、214条1項参照）。

5）課税売上割合の計算においては、不課税取引は計算に影響を与えないが、非課税取引は分母のみに計上され、免税取引は分母および分子に計上されるという違いが生じる。

$$課税売上割合 = \frac{課税売上高 + 免税売上高}{課税売上高 + 免税売上高 + 非課税売上高}$$

6）役務の性質または当該役務の提供に係る取引・条件等から当該役務の提供を受ける者が通常事業者に限られるものが該当するものとされている（消費税法2条1項8号の4）。たとえば、インターネット上での広告配信サービスなどがある。

するか否か（消費税の納税義務者が国内事業者になるかという点）は、契約書上の記載を含む役務の法的性質や条件等で判定されるため、国外事業者との取引に係る契約の内容を検討する際には、その該当性の観点からの留意が必要である。

⑷　印紙税

印紙税は、契約書等の一定の文書の作成を対象として課される租税である（印紙税法 2 条、別表第 1）。印紙税の課税文書に該当するか否かは、契約書等の関連文書の法的性質等による（たとえば、一般に委任契約書は課税対象とならないが、請負契約書は課税対象である）ため、法務担当者としては契約書作成の際に（委任と請負の区別などの）、印紙税の課税文書の観点からの法的整理も意識しておく必要がある（印紙税の不納付は、契約等の効力に影響を及ぼすことはないが、過怠税の問題が生じる（同法 20条））。

なお、近時、電子契約の利用が拡大しているが、現行法上、契約書が専ら電子的に作成され、課税対象となる文書が紙媒体で作成されない場合は、印紙税の課税対象外とされている[7]。

また、印紙税については、わが国の課税のみならず、外国法人の株式譲渡契約等などについて、外国における印紙税相当（Stamp Duty など）の課税[8] についても、その税額が多額になることもあることから、事前に慎重に検討しておくことが必要である。

⑸　登録免許税

登録免許税は、登記・登録等を受けることを対象として課される租税である。たとえば、不動産や特許権等の譲渡を行う場合、それぞれ、不

---

[7] 国税庁「請負契約に係る注文請書を電磁的記録に変換して電子メールで送信した場合の印紙税の課税関係について」および「コミットメントライン契約に関して作成する文書に対する印紙税の取扱い」参照。

[8] たとえば、シンガポールの印紙税（Stamp Duty）では、株式譲渡につき、譲渡価額ないし株式価値のいずれか高い額の 0.2％が課税される。

動産登記、特許権等の登録内容に変更が生じるため、登録免許税が課される（登録免許税法2条、別表第1）。

　登記等を受ける者が二人以上あるときは、これらの者は、登録免許税を連帯して納付する義務を負う（同法3条）とされているため、仮に契約書において、負担者について明記しなかった場合においては、双方に連帯納付義務が生じる（たとえば、土地の売買の際には土地の売主と買主による共同での登記申請となるため、双方に納付義務が生じる）。そのため、契約書において負担者を明確にすることが望ましい。実務では、契約書上、不動産ないし特許権の譲受人が、登録免許税を負担すると定められている例が多い。

(6)　固定資産税

　固定資産税は、土地・家屋等の固定資産を課税物件として課される地方税である（地方税法341～343条）。固定資産税の納税義務者は、賦課期日（毎年1月1日）における固定資産の所有者（登記簿・課税台帳等に登記または登録されている者）とされている（同法343条、349条、349条の2、359条）ため、年度途中で資産が譲渡される場合には、各当事者の負担について契約書において合意することが考えられる。実務上は、譲渡日以降の固定資産税については、譲受人負担とする例が多い。

　その他、対象となる固定資産の評価額が、後日、過大であったことが発覚する等して、契約当事者間における事後的な求償が問題となることがあるため、当該求償権の存否について、事前に契約書上に定めを設けることが考えられる。

(7)　不動産取得税

　不動産取得税は、不動産の取得を対象として課される地方税である（地方税法73条の2）。不動産取得税は、不動産の取得者に対して課税が行われるが、合併や、一定の要件に該当する会社分割による不動産の承継等の場合においては、非課税となる（同法73条の7）。

3　グローバル取引に関連する税制
（租税条約、国際課税制度）の概要

　法務担当者として取引法務に従事するに当たり、各種租税の内容を理解するのみならず、特に外国企業との取引の際に適用され得る国際課税に係る制度の概要について理解しておくことは、事後的に思わぬ課税を受けることを予防するためにも、きわめて重要である。そこで、以下では、国際課税制度の中でも特に重要な制度の概要と契約書作成における留意点について論じることとする。

⑴　租税条約・多国間協定の適用等
　クロスボーダー取引に従事する際には、国際課税に係る国内法上の制度のみならず、租税条約や多国間協定の適用についても留意しなければならない。法務担当者としては租税条約等には馴染みが薄いこともあり、他の法令と同様に、国内法の検討のみを念頭に置いて契約書作成等の取引法務に従事することが見受けられるが、租税条約等の適用は課税関係や契約上の手当て等に大きな影響を及ぼし得ることを改めて理解しておく必要がある。
　租税条約とは、同一所得に対して二国間で経済的な二重課税が生じることを防止すること等を目的として締結されるものであり[9]、その適用により、恒久的施設の範囲、所得の源泉地に係るルール、源泉徴収税率に関する規律等の国内法上の規律につき、変更等がなされるものである。なお、近時、二国間の租税条約のみならず、多国間協定[10]の批准等が行われており、その内容も確認する必要がある。
　このように、外国企業との取引に係る法務・税務を検討する際には、二国間租税条約の有無、多国間協定の批准の有無、具体的な条約および

9）日本においては、2022 年 11 月 1 日現在 71 本の租税条約が 79 か国・地域に適用されている。
10）多国間協定とは、多数の主権国家が当事者となり締約される条約であり、代表的なものとして BEPS 防止措置実施条約がある。

協定上の規定の適用の有無（当該条約および協定適用による国内法に基づく課税関係に係る規律の変更の有無）等について具体的な検討を行うことが不可欠となる。契約書を作成する際には、これらを確認の上、租税条約上の減免を受けるための手続に当事者双方が協力することを内容とする規定等を設けることがある。

⑵　恒久的施設（PE）に基づく課税

　恒久的施設（Permanent Establishment：PE）は、外国企業との取引に関する重要な国際課税制度の1つである。日本の税法上、外国法人が、日本国内にPEを有している場合、当該PEに帰属する所得について、当該外国法人に課税が行われることとなる（法人税法4条3項、138条1項1号等）。逆に外国法人が日本にPEを有していなければ事業所得については課税されない（「PEなければ課税なし」）。かかるルールは、国際課税において一般に採用されている。ここで、PEとは、事業活動が行われる支店・工場等の一定の場所等をいい、支店等の固定的施設のほか、代理人PE、建設PEなどがある[11]。

　契約書作成との関係で特に留意すべき点は、代理人PE[12]である。企業が外国において当該国の法人や個人に業務委託を行う場合、その活動内容の如何（本人のための契約締結権限の有無、契約の重要事項の交渉権限の有無、反復継続性の有無等）によって、当該法人や個人が代理人PEに該当し、外国において事業所得課税が生じる場合がある。そのため、当

11）支店PE（支店、工場その他事業を行う一定の場所）、建設PE（建設もしくは据付けの工事またはこれらの指揮監督の役務提供を行う場所）および代理人PE（自己のために契約を締結する権限のある者その他これに準ずる者）の三種類に区分されている（法人税法2条12号の19、同法施行令4条の4等）。

12）法人税法は、BEPS防止措置実施条約の内容を取り込み、代理人PEについて、外国法人が国内に置く自己のために契約を締結する権限のある者、国内において外国法人に代わって、その事業に関し、反復して次に掲げる契約を締結し、または、当該外国法人によって重要な修正が行われることなく、日常的に締結される一定の契約（(a)当該外国法人の名において締結される契約、(b)当該外国法人が所有し、または使用の権利を有する財産について、所有権を移転し、または使用の権利を与えるための契約、(c)当該外国法人による役務の提供のための契約）のために反復して主要な役割を果たす者と定義している（法人税法2条12号の19ハ、同法施行令4条の4第7項）。

事者が意図しない課税が行われないよう、業務委託契約の内容に代理人
PE該当性に疑義が生じるような規定がないか等につき事前に検討をし
ておく必要がある。

(3)　外国税額控除

　国際課税制度では、国際的二重課税を排除するため、外国税額控除と
いう仕組みが一般に用いられている。わが国では、法人税法上、内国法
人が、「外国法人税」（外国の法令により課される法人税に相当する税のうち、
政令で定めるもの）を納付することとなる場合、当該税額について、法
令により定められる控除限度額の範囲内で、法人税の額から控除するこ
とが認められている（法人税法 69 条 1 項）。たとえば、外国企業との取
引において、当該外国企業からの支払いにつき外国で源泉徴収がなされ
た場合、内国法人における法人税から、当該源泉徴収された税につき一
定の範囲で控除できるというものである。

　同制度の適用に当たっては、外国にはさまざまな税が存することか
ら、同制度における「外国法人税」に該当するか否かを検討する必要が
あるほか、契約書において確定申告書添付が必要とされる外国法人税を
課されたことを証する書類等[13] の提出に係る協力義務を手当てするこ
との検討が必要となる[14]。

(4)　過少資本税制・過大支払利子税制と資金調達

　多国籍企業において、関連企業との間で、ローン契約等の借入れによ
る資金調達を行う場合[15]、過少資本税制および過大支払利子税制の適
用の有無に関する検討を行う必要がある。企業においては、資金調達を
出資・借入れのいずれにより行うかは、企業の資本政策（裁量）に委ね
られるが、出資（配当は損金算入不可）ではなく、借入れ（支払利子は損

---

13) 法人税法 69 条 15 項、同法施行規則 29 条の 3。
14) 外国税額控除の対象となる外国法人税に該当するか否かが問題となった事例として、最
　一判平成 21・12・3 民集 63 巻 10 号 2283 頁（ガーンジー島事件）がある。
15) 債務保証料についても、過少資本税制・過大支払利子税制の対象となることに留意が必
　要である。

金算入可）により資金調達することにより、日本での税負担を軽減することができる。過少資本税制（外国親会社などの資本持分の一定倍率（原則として3倍）を超える負債の平均残高に対応する支払利子について損金不算入とする制度（租税特別措置法66条の5第1項））および過大支払利子税制（対象純支払利子等の額のうち調整所得金額の一定割合（20％）を超える部分の金額を損金不算入とする制度（同法66条の5の2第1項））は、税負担減少行為に対応するための制度であり、企業においては、両制度の適用要件を意識した資金調達方法を検討することが必要となろう。

(5)　移転価格税制と国外関連取引

　内国法人が、海外に所在する子会社等の特殊な関係にある企業（国外関連者）との間で契約を締結する場合には、移転価格税制との関係で、当該対価に関する契約書上の条件が独立企業間価格と相違ないか等について留意する必要がある。

　ここで、移転価格税制とは、内国法人と国外関連者との間における取引に関して、その法人が国外関連者から支払いを受ける、または国外関連者に対して支払う対価の額が独立企業間価格（仮に契約が、何らの特殊の関係が存在しない第三者間で行われた場合に定められる対価の額）に満たない場合、または独立企業間価格を超えるときは、その法人の所得の計算において、その取引が独立企業間価格で行われたものとみなした上で内国法人の課税を行う制度である（租税特別措置法66条の4第1項）。移転価格税制の適用対象となる取引は、有形資産の売買や役務提供取引のみならず、ノウハウの提供等を含む無形資産取引なども含まれており、実務ではかかる対象取引の認識・把握が適切に行われておらず、契約書等が作成されていないことも見受けられる。法務担当者としては、経理・税務担当者と連携しながら、法的・経済的観点から、国外関連者との間で行われる取引の認識を慎重に行うと共に、同税制で要求される文書化に適切に対応することが必要となる（同法66条の4第6項、同法施行規則22条の10第6項）。

⑹　外国子会社合算税制（タックス・ヘイブン対策税制/CFC税制）

　多国籍企業においては、税率の低い国にある実質的活動を伴わない外国子会社等を利用する等により、税負担の軽減等が行われる場合がある。外国子会社合算税制は、このような租税回避に対応するため、外国子会社等がペーパー・カンパニー等である場合または経済活動基準のいずれかを満たさない場合には、その外国子会社等の一定の所得について、内国法人等の所得とみなし、合算して課税する制度である。実務上、たとえば、子会社の存する国のパテントボックス税制[16]などを適用したことにより、実効税率が下がり、意図せず外国子会社合算税制の対象となるような事例がある。特にグループ企業全体におけるビジネスプラン策定の際に、このような意図しない課税が生じないよう留意が必要となる。

4　おわりに

　本章は、第3章以降で解説する各種契約類型における税務上の留意点の前提となる各種税目や国際課税制度の概要およびこれらに関する実務上の留意点等について論じた。法務担当者としては、今後契約書作成等の実務を遂行する上では、複雑な税制の詳細よりも、まずは本章に記載した税制の基礎的な部分を理解しておくことが重要であると考えられる。

---

16) パテントボックス税制とは、知的財産から生じた所得に対して法人税の軽減を認める租税優遇措置のことをいい、欧州で多くみられる。

　◇◇◇◇◇◇◇◇◇◇◇◇◇◇◇◇◇◇◇◇◇◇◇◇◇◇◇◇◇◇◇◇◇◇◇◇◇◇◇

第3章

契約において留意すべき収益認識会計基準(1)

◇◇◇

1　はじめに

　契約法務に従事する企業の法務担当者は、通常、専ら法的な視点で契約の内容（契約条項等）の確認・検討等を行うが、本来的には、これらが経理・税務・財務上の取扱いにも影響を与え得るものであることを十分に意識する必要がある。もっとも、企業の会計・税務の基本的事項であり、かつ重要な経営指標でもある「収益」の認識に関して、契約の内容が影響を及ぼし得ることについては、かねてより法務担当者においても抽象的なレベルでは理解してきたものと思われる。しかしながら、2018年3月30日、企業会計基準委員会が、それまで抽象的な「実現主義」のみが示されていた収益認識に関する会計基準に代えて、具体的かつ包括的な収益認識に関する会計基準として、企業会計基準第29号「収益認識に関する会計基準」（以下「本基準」という）および企業会計基準適用指針第30号「収益認識に関する会計基準の適用指針」（以下「本適用指針」といい、収益認識会計基準とあわせて「本基準等」という）を公表したことにより、法務担当者においては、経理・税務・財務上の取扱いと契約の内容との関係について、より踏み込んだ理解が求められることになった。すなわち、本基準等では、「契約に基づく収益認識の原

則」が採用され、「契約」、「履行義務」、「履行義務の充足」といった法的な考え方を基礎とした概念を用いて収益認識の時期および金額等の判断を行うものとされているため、これら本基準等に組み込まれた法的な考え方との関連性を強く意識した契約書の作成等が必要となる。したがって、法務担当者においては、従来のように収益認識に関して抽象的な理解を有するのみで、その具体的な検討は経理・財務担当者にすべて委ねるといった姿勢では不十分であり、本基準等の全体像や論点となり得る点を自らあらかじめ理解した上で、積極的に経理・財務担当者等と連携しながら、法的な観点と収益認識の観点の両面から関係者の理解・認識に齟齬がないような形で契約書の作成・確認等を行うという姿勢への転換が求められている。

　本章では、上記の状況のもと、本基準等が 2021 年 4 月 1 日以後に開始する事業年度から強制適用されることも踏まえて、法務担当者において理解すべき本基準等の内容および論点等について解説する。具体的には、(i)本号において、本基準等の内容（会計・税務上の取扱い）を概観しつつ、法務担当者における本基準等への対応に当たっての実務上の視点を提供するとともに、(ii)次章において、簡単な設例等を用いて、契約書の見直しに当たっての検討プロセスや契約類型毎の主要な論点等について概説する。

2　本基準等の概要

(1)　本基準等の導入経緯

　従来、企業会計原則においては、「売上高は、実現主義の原則に従い、商品等の販売又は役務の給付によって実現したものに限る」[1] として、収益認識は「実現主義」によるという抽象的な原則のみが示されていた[2]。しかしながら、近時の国際的な潮流のもと、わが国においても、

1）企業会計原則「第二　損益計算書原則」三（営業利益）B。

収益認識に関する会計基準を国際的に整合的なものとする（国内外の比較可能性を確保する）ため、IFRS第15号を基本的にすべて取り入れる形で、新たに収益認識に係る会計基準としての本基準等が開発・公表されることとなった（本基準92項、94項）。

(2) 本基準等の概要

ア　適用対象企業、適用時期および適用範囲

　本基準等は、「一般に公正妥当と認められる企業会計の慣行」（会社法431条）に含まれるため、およそ日本の株式会社が計算書類（連結計算書類）を作成する際には、本基準等が適用されることとなる[3]。ただし、中小企業については、監査対象法人である場合を除き、引き続き「中小企業の会計に関する指針」等に則った会計処理を行う（すなわち、本基準等を適用しない）ことも認められている[4]。

　かかる適用対象企業においては、本基準等が、2021年4月1日以後に開始する連結会計年度および事業年度の期首から強制的に適用される（本基準81項）。

　そして、本基準等の適用範囲は、「契約に基づく収益認識の原則」に基づき、「顧客との契約から生じる収益に関する会計処理及び開示」とされている（本基準3項）[5]。すなわち、本基準等の適用範囲であるか否かを検討するためには、前提として、契約の成立の有無について確認することが必要となる（後記(3)のステップ1参照）。

---

2) 「実現主義」とは、収益をその実現の時点で認識する考え方をいい、収益の実現の時点とは、一般的に、「財貨の移転又は役務の提供の完了」とそれに対する「対価の成立」の時点であると考えられてきた。

3) なお、本基準等においては、連結財務諸表と個別財務諸表の双方について、基本的に同一の会計処理を行うべきこととされている（本基準99項）。

4) 企業会計基準委員会「企業会計基準第29号『収益認識に関する会計基準』等の公表」（平成30年3月30日）2頁脚注1参照。

5) ただし、金融商品に係る取引やリース取引等の一定の取引については、適用範囲から除外されている（本基準3項各号、4項）。

イ　収益認識のための5ステップ

本基準等においては、「約束した財又はサービスの顧客への移転を当該財又はサービスと交換に企業が権利を得ると見込む対価の額で描写するように、収益を認識すること」を収益認識の基本原則としており（本基準16項）、「契約」に基づく「義務履行」（財またはサービスの顧客への移転）の「対価」を「履行義務を充足した時に又は充足するにつれて」収益として認識するという考え方が採用されている。

かかる基本原則のもと、本基準等では、以下の5つのステップに従って、顧客との契約から生じる収益を認識することとされている（本基準17項）。

ステップ1：顧客との契約を識別する

ステップ2：契約における履行義務を識別する

ステップ3：取引価格を算定する

ステップ4：契約における履行義務に取引価格を配分する

ステップ5：履行義務を充足した時にまたは充足するにつれて収益を
　　　　　　認識する

---

(3)　5ステップの概要および留意点

以下では、5つのステップの概要および各ステップにおける法務担当者としての留意点を説明する。

ステップ1：契約の識別

本基準等は、「顧客との契約から生ずる収益」に対して適用されるため（本基準3項）、対象となる契約が、本基準等の適用対象となる「顧客との契約」（本基準5項、6項）に該当するか否かを検討する必要がある。本基準等においては、「顧客との契約」に該当するための具体的な要件が定められている[6]ところ、これらの要件につき（通常は契約が法的に成立していれば充足することになると考えられるものの）法務担当者においても改めて確認すべきことになる。特に、本基準等の対象となる契約には口頭や契約慣行によるものが含まれるが、法務担当者としては、事実関係の調査の結果このような契約が認められる場合には、会計上の

取扱い等が不明確とならないよう、書面化等の対応を検討する必要がある。

　なお、本基準等においては、同一の顧客と同時またはほぼ同時に締結した複数の契約が一定の要件[7]を満たす場合には、それらを単一の契約として処理する必要があるとされている（契約の結合。本基準27項）。したがって、たとえば製品販売契約と当該製品の保守サービス契約が別個の契約として締結されているような場合にも、収益認識の観点からはこれらが一本の契約と整理され得るということになる。かかる場合には、実務上の混乱を避けるため、契約の一本化を検討することも考えられよう。

　ステップ2：履行義務の識別

　本基準等において認識される収益は、契約上の義務履行の対価とされている。それゆえ、ステップ1において識別された「契約」中にいかなる「履行義務」（本基準7項）が含まれるかを把握（識別）する必要があり、これによって、収益（契約上の義務履行の対価）を認識する際の「単位」が決定されることになる。

　ここでの留意点は、たとえ同一の契約書中に含まれる履行義務であっても、一定の要件[8]を満たす場合には、別個の履行義務（収益認識の単位）として取り扱われるという点である。実務上、1つの契約書中に複数の法的義務が含まれること自体はむしろ一般的であるが、法務担当者

---

6) 具体的には、①当事者が、書面、口頭、取引慣行等により契約を承認し、それぞれの義務の履行を約束していること、②移転される財またはサービスに係る各当事者の権利を識別できること、③移転される財またはサービスの支払条件を識別できること、④契約に経済的実質があること（すなわち、契約の結果として、企業の将来キャッシュ・フローのリスク、時期または金額が変動すると見込まれること）、⑤顧客に移転する財またはサービスと交換に企業が権利を得ることとなる対価を回収する可能性が高いことのすべての要件を満たすこととされている（本基準19項）。

7) ①同一の商業的目的を有するものとして交渉された、②1つの契約の支払対価の額が、他の契約の価格または履行により影響を受ける、③複数の契約で約束した財またはサービスが単一の履行義務であるという要件のいずれかを満たす場合とされている。

8) 具体的には、①財またはサービスから顧客が単独で（あるいは顧客が容易に利用できる他の資源と組み合わせて）便益を享受することができること、②財またはサービスを顧客に移転する約束が、契約に含まれる他の約束と区分して識別できることのいずれの要件をも満たす場合とされている（本基準34項）。

においては、契約条項の法的観点からの分析に基づき、契約に含まれるこれらの法的義務を個別に抽出した上で、それぞれの義務が収益認識の単位としての履行義務、すなわち「別個の財又はサービス（の束）」（本基準32項、34項）に該当するか否かにつき、慎重に検討を行う必要がある。

なお、かかる履行義務の識別に関しては、本基準等において、特定の状況を前提とした取扱いが定められている点にも留意が必要である。たとえば、製品を販売した際のいわゆる「製品保証」については、(i)当該財またはサービスが合意された仕様に従っているという保証（品質保証型、アシュアランス型）と(ii)顧客に別途サービスとしての保証を提供する場合（保証サービス型）とで異なる取扱いとされている[9]。したがって、このような類型の取引については、財務担当者や専門家とも連携しながら、本基準等における取扱いが明確に判別できるような契約条項となっているか否かを検討する必要がある。

ステップ3：取引価格の算定

本基準等において認識される収益は、契約上の義務履行の「対価」とされている。そこで、ステップ3においては、「取引価格」、すなわち、当該契約によって受け取る対価の額（財またはサービスの顧客への移転により権利を得ると見込まれる対価の額）を算定する必要がある（本基準8項）[10]。

ここで留意すべきは、契約上取引の対価として明示されている金額と、本基準等に基づき収益として認識される対価の額が必ずしも一致しない可能性がある点である。たとえば、取引価格の見積りに際しては、顧客と約束した対価のうち変動する可能性がある部分（本基準50項。以下「変動対価」という）が含まれる場合には、その変動の可能性を考慮

---

9) アシュアランス型の場合には、当該保証を別の履行義務とは捉えずに収益を認識した上で、当該保証については製品保証引当金を計上することとされているが、保証サービス型の場合には、当該保証を別の履行義務として識別することになるため、当該保証に係る収益は、保証義務の履行時まで繰り延べられる（本適用指針34項、35項）。

10) 取引価格の算定に当たっては、契約条件や取引慣行等を考慮することとされている（本基準47項）。

して、収益の額を算定する必要がある（本基準50〜54項）。変動対価には、値引き、リベート、返金、インセンティブ、業績に基づく割増金、ペナルティー等の形態により対価の額が変動する場合や、返品権付きの販売等が含まれ、契約条件に示される場合もあれば、取引慣行等により示される場合もあるとされている（本適用指針23項、24項）。このうち返品権付販売には、出版業界や医薬品業界で一般的に見られるような契約ないし取引慣行上の返品権が含まれるほか、特定商取引法や割賦販売法等において規定されるいわゆるクーリングオフ制度のように、法律上の規定に基づく返品権も含まれる。したがって、法務担当者の視点からは、契約条件中に対価の算定に対して影響を及ぼすものが含まれるか否かの確認が必要となることに加えて、取引慣行や法令上の規定も踏まえた対価の変動可能性の検討を求められる可能性もあることを意識しておく必要がある（場合によっては、この点に関して財務担当者から個別に法令等の確認を求められることもあり得よう）。

ステップ4：取引価格の配分

　本基準等における収益認識の単位は、契約中の履行義務とされている。したがって、1つの契約中に複数の履行義務が含まれる場合には、ステップ3において算定した（契約全体に係る）取引価格を、ステップ4において契約中の各履行義務に配分することで、収益認識の「金額」が具体的に決定されることとなる。かかる配分は、履行義務に対応する財またはサービスの独立販売価格の比率に基づいて行われる（本基準66項、68項、69項、70〜76項）。

　たとえば、1つの契約中に複数の履行義務が含まれるにもかかわらず、契約上の取引対価が区別して規定されていない場合には、それぞれの履行義務に対応する取引価格を算定の上、配分する必要がある。また、これらが契約上明確に区別して規定されている場合であっても、かかる契約上の対価と本基準等において各履行義務に配分される取引価格とが異なる可能性もある。

　それゆえ、法務担当者としては、実務上の混乱を避けるため、本基準等のもとで認識されるべき履行義務毎の対価の金額について財務担当者や専門家へのヒアリング等を通じて明らかにした上で、対価に係る条項

において各履行義務と対価の紐づけを明確にしたり、本基準等に基づき算定された履行義務毎の対価の金額と契約上の対価の金額との平仄を取るための修正を行うといった対応を検討することが考えられる。

ステップ5：収益の認識——履行義務の充足

　本基準等においては、収益は、企業が契約上の履行義務を充足した時、または履行義務を充足するにつれて、当該履行義務に配分された取引価格により認識されることになる。かかる履行義務の充足は、顧客に対して約束した財またはサービスを移転することにより行われ（本基準35項）、これにより、収益認識の「タイミング」が決定されることになる。

　企業による履行義務が「一時点」において充足される場合[11]には、財またはサービスに対する「支配」の移転の時に収益を認識することになる。ここで、「支配」とは、当該財またはサービスの使用を指図し、当該財またはサービスから残りの便益のほとんどすべてを享受する能力（他の企業が資産の使用を指図して資産から便益を享受することを妨げる能力を含む）とされており、本基準等においてその移転の判断のための一定の指標が示されている（本基準37項、40項）。他方、企業による履行義務が、一定の要件[12]を満たす場合には、企業による履行義務は「一定の期間」にわたり充足されるものとして扱われる。この場合における収益は、原則として、履行義務の進捗度を見積もった上で[13]、その進捗

---

11)「一定の期間」にわたり充足される場合に該当しない場合にこれに当たることとされている（本基準39項）。

12) ①企業が顧客との契約における義務を履行するにつれて、顧客が便益を享受すること、②企業が顧客との契約における義務を履行することにより、資産が生じるまたは資産の価値が増加し、当該資産が生じるまたは当該資産の価値が増加するにつれて、顧客が当該資産を支配すること、③(i)企業が顧客との契約における義務を履行することにより、別の用途に転用することができない資産が生じ、かつ(ii)義務の履行を完了した部分について、対価を収受する強制力のある権利を有していることのいずれかの要件を満たす場合とされている（本基準38項）。

13) 進捗度の適切な見積方法には、アウトプット法（移転した財またはサービス（アウトプット）の顧客にとっての価値に着目する方法）とインプット法（履行義務の充足のために使用された資源、コスト等（インプット）の予想インプット合計に占める割合に着目する方法）がある。

度に基づき、一定の期間にわたって認識される（本基準 41 項）。

　法務担当者としては、履行義務が「一時点」において充足されるもの（例：製品の引渡し）と「一定の期間」にわたり充足されるもの（例：役務提供）のいずれに該当するかを確認した上で、その収益認識のタイミングに関連する契約条項を具体的に確認・検討する必要がある。たとえば、製品販売契約における「支配」の移転については、本基準 40 項において例示されている各判断基準（①企業による対価を収受する現在の権利の有無、②顧客の資産に対する法的所有権の有無、③資産の物理的占有の移転の有無、④顧客によるリスク負担、経済価値の享受の有無、⑤顧客による検収の有無）に関連する具体的な契約条項として、対価、所有権の移転、引渡し、危険負担、検収に関する各条項等を確認し、それぞれが収益認識のタイミングと整合的な規定内容となっているかを検討する必要がある。通常、製品販売については引渡し時に「支配」が移転する形の建付けとなっていることが多いと考えられる[14]が、上記各条項の中にその他の時点における「支配」の移転を示唆するものが存在する等、収益認識の観点から相互に矛盾する条項が含まれているような場合には、修正の要否についての検討が求められることとなる。

　また、履行義務の充足に関する判断に当たっては、契約条件のみならず、法令や判例等を考慮すべきことがあり得る（本適用指針 13 項参照）ため、法務担当者としては、これらの点についても十分に目を向けて分析を行う必要がある。

3　収益認識と税務上の取扱い

　本基準等の公表を受け、平成 30 年度税制改正において、法人税法上、資産の販売もしくは譲渡または役務の提供に係る収益の認識に関する規

---

14) 危険負担については、民法改正により、デフォルトルールとして引渡しのタイミングで危険が移転することが明確化された（民法 567 条）。

定が整備された（法人税法 22 条の 2）[15]。また、従来、法人税に係る収益認識については、法人税基本通達（以下「法基通」という）において具体的な取扱いが示されていたが、本基準等の公表および平成 30 年度税制改正を受けて、これらの規定についても改正が行われている。改正法基通に関しては、「原則として〔本〕基準の考え方を取り込んでいく」が、「〔本〕基準について、過度に保守的な取扱いや、恣意的な見積りが行われる場合には、公平な所得計算の観点から問題があるため、税独自の取扱いを定める」との整備方針が示されている[16]。

　たとえば、本基準等においては、収益の額は財またはサービスの移転の「対価」の額を基礎として認識するとされているが、法人税法上の資産の販売等に係る収益の額はこれと異なり、販売等をした資産または役務の当該販売等の時における適正な価額、すなわちこれらの資産または役務の「時価」により算定されると解されている[17]ため、この点につき両者の根底にある考え方は異なっている[18]。したがって、本基準等において、変動対価として収益（対価）の額自体を減少させる貸倒れの可能性や返品の可能性（前記 **2**(3)参照）は、販売等をした資産の「時価」そのものを変動させるものではない（別の要因により対価の額を全額受け取ることができないことを評価するものである）ため、法人税法上の収益の額の算定においては考慮されないということになる。このように、個別具体的なケースにおいては、両者の結論が異なり得る[19]。

---

15) 大蔵財務協会編『平成 30 年版　改正税法のすべて』（大蔵財務協会、2018）268〜273 頁参照。
16) 国税庁「『収益認識に関する会計基準』への対応について〜法人税関係〜」（平成 30 年 5 月）（https://www.nta.go.jp/publication/pamph/hojin/kaisei_gaiyo2018/02.htm）16 頁参照。
17) 最三判平成 7・12・19 民集 49 巻 10 号 3121 頁参照。
18) もっとも、法人税法上の時価は、一般的に第三者との通常の取引価格（独立当事者間価格）とされており、これは結局のところ財またはサービスの移転の対価の額と等しいことになるため、実際の収益の額の計算においては、会計と税務の取扱いは一致することが多いものと考えられる。
19) また、法人税以外の租税（消費税等）における処理が、本基準等（および法人税法）における取扱いと異なることもあり得る。国税庁「収益認識基準による場合の取扱いの例」（平成 30 年 5 月）（https://www.nta.go.jp/publication/pamph/hojin/kaisei_gaiyo2018/02.htm）参照。

　この点、法務担当者としても、収益認識に関する税務上の取扱いは原則として本基準等と一致することとなるが、一定の場合には会計上の処理と税務上の処理との間に離齬が生じ得るという点につき、十分に留意する必要がある。

4　法務担当者による本基準等への実務対応

　前記 **1～3** で述べてきたとおり、本基準等の強制適用の開始に伴う対応として、法務担当者においては、まずは契約の条項その他の事実関係や関係法令に照らし本基準等のもとでどのような収益認識がなされるかを十分に理解した上で、契約内容の見直しの要否を検討し、必要に応じて契約書の修正を行うことになる。たとえば、製品販売契約のように、取引法務において用いられるきわめて単純な類型の契約であっても、契約上の規定内容と収益認識のあり方が常に整合的なものとなるとは限らない（詳細につき次章参照）。本基準等への対応の過程でこのような不整合が検出された場合には、会計処理や税務申告における証憑確保の観点や、実務上の混乱を防止するといった観点から、契約書の内容を収益認識に係る分析・検討の結果と整合的なものとするための対応（たとえば、(i)契約の書面化・一本化（分割）、(ii)履行義務、取引対価、「支配」の移転時期等に関連する各種条項の修正等）の必要がないか、検討が必要となる。法務部および法務担当者においては、このような点を意識しながら、経理・税務・財務担当者や専門家等との間でスムーズな連携を取りつつ、適切な契約書の作成等を行うことができる体制を構築していくことがきわめて重要である。

　他方で、契約書の修正については、本基準等への対応の観点のみならず、当該修正が実務上受け入れ可能か否かとの観点からの検討も必要となる。たとえば、本基準等の下では製品販売契約と保守サービス契約を一体化させる方が適切と考えられる場合（前記 **2**(3)ステップ1参照）であっても、契約実務上は別個の契約を前提とした運用がすでに定着しており、その変更には多大なコストが必要となるとすれば、かかる実務上

のニーズも踏まえて最終的な契約書修正の是非を検討することが求められることは当然である。また、企業の作成したひな型等に基づく定型的な取引（取引基本契約、約款取引等）ではなく、契約相手方との個別交渉に基づき条件が決定されるような契約（大規模工事に係る契約、ライセンス契約等）については、契約書の修正に当たって社内調整や相手方との交渉が必要となるため、これらの関係で事実上契約書を修正することが不可能という場合もあり得る。法務担当者としては、関連する各事業部とも連携を取りながら、契約書の文言のみならず取引の背景事情等も十分に念頭に置いた上で検討を進めるべき場面が存するということも併せて理解しておく必要があろう。

契約において留意すべき収益認識会計基準⑵

◇◇◇◇◇◇◇◇◇◇◇◇◇◇◇◇◇◇◇◇◇◇◇◇◇◇◇◇◇◇◇◇◇◇◇◇◇◇◇

　前章（契約において留意すべき収益認識会計基準⑴）では、本基準等に基づく収益認識のあり方と、法務担当者における本基準等への対応に当たっての視点について解説した。本章では、前章（**1〜4**）の内容を踏まえて、本基準等の各ステップに係る法務担当者としての具体的な検討プロセスにつき、簡単な設例を用いながら解説し（後記**5**）、その後、主な契約類型を取り上げ、法務担当者が本基準等への対応において留意すべきポイントを解説する（後記**6**）。

5　設例に基づく本基準等の各ステップに係る具体的な検討プロセス

　以下では、本基準等への対応プロジェクトにおいて下記の契約が見直しの対象となったケース（以下「本設例」という）を前提として、法務担当者による収益認識の5ステップ毎の検討プロセスを具体的に見ていく[1]。

---

1) 本基準等が2021年4月1日以後に開始する事業年度から強制適用となることに伴い、すでに全社的なプロジェクトとしての対応を開始している企業も多いものと考えられる。

> ・ある企業Xは、顧客Yとの間で、機械製品Aとその付属部品Bを販売する契約を締結している。
> ・契約書上、対価の金額はAとBの合計額である100万円とのみ規定されている。
> ・また、契約書上、買主による検収条項が規定されており、検収不合格品については、売主は代替物の引渡しまたは修補義務を負うこととされている。
> ・Xは、上記の販売契約とは別個の契約に基づき、機械製品Aについての保守サービスを併せて提供している。通常、当該保守サービスの対価は2年間で50万円であるが、機械製品Aの購入と同時に当該保守サービスに係る契約を締結した場合には、2年間で20万円に減額することとされている。

ステップ1：契約の識別

　まず、本設例の契約が本基準等における「契約」の要件を満たすかを検討する必要がある。たとえば、本設例の契約が取引基本契約および個別契約の形で締結されている場合には、（取引基本契約の条件に基づく）個別契約を「顧客との契約」として識別する。また、明確な契約書その他の書面が作成されておらず、口頭や慣行ベースの取引がなされているような場合には、会計・税務上の証憑確保のための書面化対応等を検討すべきことになる。

　なお、本設例では、機械製品A・付属部品Bに係る販売契約と、機械製品Aの保守サービスに係る契約が別個の契約として締結されている。しかしながら、これらが同時に締結されたものである場合、収益認識上1つの契約として取り扱われる（契約の結合。本基準27項）可能性があることに留意すべきである。

ステップ2：履行義務の識別

　ステップ1において契約の結合がなされた場合、当該結合された契約中には、①機械製品Aの引渡義務、②付属部品Bの引渡義務および③機械製品Aに係る保守サービスの提供義務の3つの履行義務（以下、各

履行義務を「本件各履行義務」という）が含まれることになるため、これらを収益認識の単位である履行義務として識別すべきことになる。

　なお、契約には、他にも売主または役務提供者としてのXの法的義務が定められることが通常であり、これらの法的義務が、本件各履行義務とは「別個の財又はサービス（の束）」として、独立の収益認識の単位を構成するか否かの検討が必要となる（本基準 32 項、34 項）。具体例につき、後記 **6**(1)アを参照されたい。

　このような履行義務の識別に係る判断は、ある程度感覚的に理解できる部分もあるが、厳密な判断のためには本基準等に係る深い理解が必要となるため、必要に応じて財務担当者や専門家の助言等を求めるべきことになる。

ステップ 3：取引価格の算定

　本設例の（結合された）契約上の対価は合計 120 万円となるため、原則として、当該価格を取引価格として算定する。

　なお、対価の金額に影響を及ぼす契約条項（例：変動対価に該当する返品権付の販売等）の有無は慎重に確認する必要がある。この点、本設例中の検収不合格品の交換・修補義務については、返品を伴うとしても、通常は品質保証型（アシュアランス型）の保証に該当する（後記 **6**(1)ア参照）ため、取引価格自体を減額するのではなく、製品保証引当金として処理される（本適用指針 34 項、89 項参照）。

ステップ 4：取引価格の配分

　ステップ 3 で算定された取引価格（120 万円）を、本件各履行義務にどのように配分するかが問題となる。

　まず、本設例の販売契約中では、機械製品Aと付属部品Bの対価の合計額 100 万円のみが定められているため、取引価格を独立販売価格に基づき配分する必要がある（ここでは、機械製品Aおよび付属部品Bの独立販売価格をそれぞれ 70 万円および 30 万円と仮定する）。

　また、保守サービスの値引きにより、契約上の取引対価の額（120 万円）が独立販売価格の合計額（150 万円）を下回るため、かかる値引額（30 万円）を本件各履行義務に配分すべきことになる。当該値引きが、機械製品A（70 万円）の販売と保守サービス（50 万円）のみに対するも

のである場合には、これらに当該値引額を比例的に配分し、付属部品B（30万円）については配分しない（本基準70項、71項）。したがって、取引価格は、それぞれ、機械製品Aの引渡義務52.5万円（70-30 ×70/120）、機械製品Aに係る保守サービスの提供義務37.5万円（50-30 × 50/120）、付属部品Bの引渡義務30万円となる。

　上記は基本的には財務担当者の検討事項と考えられるが、本設例のように、契約書上の対価の金額と実際の収益認識の金額に離齬が生じる場合には、実務上の混乱を避けるため、財務担当者等からのフィードバックを得た上で契約書の修正を検討することもあり得よう。

ステップ5：収益の認識

　本設例の場合、通常は、(i)機械製品Aの引渡義務および付属部品Bの引渡義務については「一時点」において充足される製品の引渡義務として「支配」の移転時に、(ii)機械製品Aに係る保守サービスの提供義務については「一定の期間」にわたり充足される履行義務として2年間にわたり、それぞれステップ4で配分された取引価格に基づき収益を認識することになる。

　法務担当者としては、収益の認識のタイミングに影響を及ぼすような契約条項の規定内容について個別に検討することが求められる。この点につき、前章2⑶ステップ5を併せて参照されたい。

　以上のとおり、本設例のようなきわめて単純な契約類型においても、契約上の規定内容と収益認識のあり方が常に整合的なものとなるとは限らず、本基準等の対応において検討を要する論点が複数生じ得るため、法務担当者としても慎重な検討が求められるということになる。

6　法務担当者として押さえておくべき契約類型毎の主要なチェックポイント

　本基準等に関する論点は多岐にわたり、最終的には契約内容や取引の背景事情に照らした個別の分析・検討を行うべきことになるが、法務担当者としては、契約類型毎の典型的な論点を把握しておくことも重要である。以下では、法務担当者が実務上、目にすることが多いと思われる

主な契約類型を取り上げ、収益認識の観点から留意すべきポイントを概説する。

(1)　売買契約

売買契約は、卸売・小売、商社取引等、メーカー・商社を中心とした多くの企業で日常的に用いられる契約類型である。他方で、継続的取引を前提とした契約や国際取引等、その内容にはさまざまなバリエーションが存在し、取引類型や慣行に応じて特約が付されるケースも多いため、個々の契約書の内容を精査する必要がある。

ア　履行義務の識別 (ステップ2)

売買契約は、目的物を有償で売り渡す契約であり (民法555条)、その主要な履行義務は、「目的物の引渡し」である。そこで、売買契約の分析においては、契約中にこれと異なる履行義務が含まれるか否かが重要な検討事項となる。

たとえば、売主の義務のうち、目的物の引渡しの一部をなすような義務 (例:搬入・据付) や、これに付随するような義務 (例:不合格品の修補・交換) は、目的物の引渡義務と併せて1つの履行義務となる (本基準34項参照)。もっとも、同様の据付サービスを提供する同業他社が存在するような場合等には、これらが別個の履行義務と見られることもあり得る点に留意が必要である[2]。

この点に関して慎重な検討を要する論点が、いわゆる品質保証の問題である。一般的に、検収不合格品の交換・修補義務や、民法上の契約不適合責任[3]は、契約目的物が合意された条件に従っていることの保証であり、いわゆる品質保証型 (アシュアランス型) の保証として、引渡しと別個の履行義務を構成しない。他方で、これを超えるような便益の

---

2) 本適用指針の設例6-3等参照。ただし、この場合にも、顧客との契約の観点で重要性が乏しければ、なお独立の履行義務として評価しないとの代替的取扱いが認められている (本適用指針93項)。

3) 民法562～566条。民法改正前の瑕疵担保責任は、契約不適合責任として再構成されている。

提供があるような場合には、保証サービス型と扱われ、引渡しとは異なる履行義務を構成することになる（本適用指針 34～37 項）。たとえば、販売後一定期間中の修理や操作サポートを無償で提供するような場合がこれに該当し得る。上記のいずれかに該当するかの判断に当たっては、当該品質保証の内容が民法その他の法令上要求される枠内に収まっているか否かも考慮要素となるため（本適用指針 37 項(1)）、法務の観点からの分析が不可欠である。

　その他、売主の製造物責任や知的財産権侵害に係る責任等が規定されることも多いが、これらの義務はそもそも取引価格を配分すべき性質のものではない（取引価格との対価性がない）ため、収益認識の観点からは履行義務として取り扱われない（本適用指針 134 項）。秘密保持義務や契約上の地位の譲渡禁止等も同様である。

イ　収益認識の時期（ステップ 5）

　売買契約における目的物の引渡義務については、通常「一時点」において充足される履行義務として「支配」の移転時に収益を認識すべきことになる（本基準 39 項、40 項）。

　もっとも、国内取引において、出荷時から「支配」の移転時までの期間が「通常の期間」である場合には、当該期間内の一時点（たとえば出荷時や着荷時）に収益を認識する代替的な取扱いが認められている（本適用指針 98 項）。かかる代替的な取扱いを適用するか否かは基本的には会計ポリシー上の判断となるが、その判断過程で契約条件および契約実務上の事実関係が影響を及ぼすことになる[4]ため、法務担当者においても財務担当者等と連携して検討を求められる場面があり得る。

　他方、国際的な売買契約（貿易取引）においては、代替的な取扱いは認められていないため、原則どおり「支配」の移転により収益認識時期が判定されることになる。実務上は船積日において収益認識を行うケー

---

4) 具体的には、①本来的な出荷と「支配」の移転の時期はそれぞれどのタイミングか、②金額的な重要性が乏しいといえるか、③出荷時から「支配」の移転時までの期間が「通常の期間」といえるか、④目的物の引渡義務以外の履行義務が存在するかといった点を検討する必要がある（本適用指針 81 項、98 項、171 項参照）。

スが多いと考えられるが、同時点で「支配」の移転が認められるか否か
は、最終的には契約上定められた具体的な貿易条件等を踏まえて判断す
る必要がある[5]。

ウ　本人と代理人の区分

　5ステップからは若干外れるが、本基準等に係る重要な論点として、
「本人」と「代理人」の区分[6]という論点が存在する。

　顧客に提供される特定の財またはサービス（の束）について、企業が
本人に該当する場合には、財・サービスの対価の「総額」が収益に含ま
れる。他方、企業が代理人に該当する場合、報酬・手数料の金額（また
は財・サービスの対価から他の当事者に支払う額を控除した「純額」）のみ
が収益に含まれる（本適用指針39項、40項）。

　かかる本人と代理人の区分は、財またはサービスが顧客に提供される
前に、企業がこれを「支配」しているか否かにより判断されるとされ、
本基準等において一定の判断指標が掲げられている（本適用指針43項、
44項、47項）[7]。ここで留意すべきは、これらは法的な意味での本人と
代理人の区分（契約上の権利義務の帰属主体となるか否か）とは異なり、
専ら経済的実質に着目した区分であるという点である。それゆえ、法務
担当者としては、単に契約の法的分析のみに従って上記の区分を行うこ
とでは足りず、本基準等に示された判断基準に照らして、改めて関連す
る契約条項の分析を行うべきことになる（もっとも、実際には、両者の結
論は一致することが通常と考えられる[8]）。

5）たとえば、インコタームズにおけるFOBやCIF条件のもとでは、船積日に「支配」が
　移転すると解されることになろう。本基準等の制定前の事案であるが、船積日における
　収益計上が公正処理基準に適うと判示したものとして、最一判平成5・11・25民集47
　巻9号5278頁参照。
6）顧客への財またはサービスの提供に他の当事者が関与している場合において、顧客との
　約束が当該財またはサービスを(i)企業が「自ら提供する」履行義務であると判断される
　ときは、企業は「本人」に該当し（本適用指針39項）、他方、(ii)他の当事者によって提
　供されるように企業が「手配する」履行義務であると判断されるときは、企業は「代理
　人」に該当する（本適用指針40項）。
7）たとえば、①履行に対する主たる責任の所在、②在庫リスクの負担、③価格設定におけ
　る裁量権といった判定指標を考慮すべきとされている（本適用指針47項）。

本人と代理人の区分が問題となる典型例は委託販売契約である[9]が、これに留まらず、ライセンス契約や業務委託契約等、商流が重層化し、複数の当事者が関与する類型の取引においては広く問題となり得る重要な論点である。したがって、法務担当者においても、問題となる取引につきこの論点の検討が必要とならないか、常に注視する必要がある。収益を総額と純額のいずれで認識するかにより財務諸表の数値（売上高、売上原価等）が大きく影響を受けることもあり得るため、取引類型によっては慎重な検討を要する。

⑵　成果完成型の役務提供契約

　成果完成型の役務提供契約は、一定の成果物の完成および引渡しを約する契約であり、製造委託契約、ソフトウェア開発委託契約、工事請負契約等、実務上広く利用される取引類型である。これらは、法的観点からは、請負契約、請負と売買の混合契約、（成果完成型）準委任契約[10]等さまざまに整理され得るが、収益認識の観点からは、「成果物を完成させて引き渡す」という履行義務を中核とした共通の論点を有する取引類型として検討すべきことになる。

ア　履行義務の識別（ステップ2）

　上記のとおり、成果完成型の役務提供契約における主要な履行義務は、「成果物の完成および引渡し」である（民法632条、633条、648条の2等参照）。したがって、契約中にこれと異なる履行義務が含まれるか否かを分析すべきことになるが、成果物の完成に関する義務（例：設計、サンプル提供）や引渡しに関する義務（例：搬入・据付）については、

8）弥永真生「法的な観点からみた収益認識会計基準の基礎概念」企業会計71巻3号（2019）22頁参照。

9）なお、委託販売契約には、法的には取次・代理・媒介といった類型の取引が含まれるが、本基準等においては、これらを包含した「委託販売契約」という取引類型が定められている（本適用指針75項、76項）。

10）民法改正により、（準）委任契約については、成果完成型（事務処理の結果によりもたらされる成果に対して報酬を支払う類型）と履行割合型（作業量等の履行の割合に応じて報酬を支払う類型）の2類型が存在することが明文化された（民法648条、648条の2）。

いずれも通常「成果物の完成および引渡し」という1個の履行義務に含まれる。その他具体的な留意点については、前記(1)アで売買契約について述べたところと概ね同様である。

イ　収益認識の時期（ステップ5）

　成果完成型の役務提供契約における重要な論点は、履行義務を「一定の期間」にわたり充足されるものと「一時点」において充足されるもののいずれと整理すべきかという点である。特に、成果物の完成までに長期間を要するケースでは、いずれに当たるかにより収益認識の時期および金額が大きく異なることもあり得るため、慎重な検討を要する。

　履行義務が「一定の期間」にわたり充足されるものとされるためには、以下のいずれかの要件を満たす必要がある（本基準38項）。

---

①　企業が顧客との契約における義務を履行するにつれて、顧客が便益を享受すること
②　企業が顧客との契約における義務を履行することにより、資産が生じるまたは資産の価値が増加し、当該資産が生じるまたは当該資産の価値が増加するにつれて、顧客が当該資産を支配すること
③　次の要件のいずれも満たすこと
i　企業が顧客との契約における義務を履行することにより、別の用途に転用することができない資産が生じること
ii　企業が顧客との契約における義務の履行を完了した部分について、対価を収受する強制力のある権利を有していること

　この点、成果完成型の役務提供契約においては、通常は目的物の引渡しまでは顧客による便益の享受や「支配」の移転は生じないため、上記①および②の要件を満たさないことから、上記③の2要件（ i 非転用資産およびii中途対価請求権の発生）の充足性を検討すべきことになる。かかる検討に当たっては、契約書の記載のみならず実務上の取扱いや法令・判例等を考慮すべきとされている（本適用指針10項、13項参照）[11]が、実務的な観点からは、収益認識における取扱いの明確化のため、成

果物（仕掛品を含む）の転用制限や中途解約時の対価請求権について、契約上明確な規定を設けておくことが望ましいと考えられる[12]。

⑶　非成果完成型（履行割合型）の役務提供契約

非成果完成型（履行割合型）の役務提供契約は、一定の法律行為ないし事務処理を行うことそれ自体に対して報酬が発生する類型の取引であり、サービス業を中心として広く用いられている契約類型である。この類型に関して法務担当者が検討すべき点は比較的限定されるものの、たとえば以下の点について、本基準等に基づく会計処理が従来のものと異なることにより財務諸表の数値に大きく影響を及ぼす可能性がある場合等には、財務担当者や専門家と連携した上で慎重な検討を行う必要があろう。

ア　取引価格の算定（ステップ3）

非成果完成型（履行割合型）の役務提供契約では、役務提供と対価の支払時期が乖離することが多い。この点、本基準等では、これが信用供与に当たる場合、「契約における重要な金融要素」として、取引価格から金利相当分の影響を調整する必要があるとされている（本基準56項、57項）。したがって、長期にわたり役務提供が行われる契約において、支払いが前受けまたは後払いの形で行われるときは、これらが重要な金融要素に該当するか否かの検討が必要となる[13]。

また、契約類型によっては、いわゆる成功報酬条項を規定するケースも見られる（例：投資ファンドに係る契約）。この場合、当該成功報酬発生の可能性を見積もった上で、将来的に著しい減額が発生しない可能性が高いと見込まれる部分については、変動対価として取引価格に含めるべきことになる（本基準54項）。

---

11) たとえば、請負契約および（準）委任契約においては、注文者および委任者の中途解約権および相手方への損害賠償義務が規定されているが（民法641条、651条、656条）、契約で別途定めを置かずにこれらの任意規定により処理する場合には、賠償される「損害」の範囲が履行完了部分の対価相当額となるか否かを検討する必要が生じる。

12) もっとも、かかる規定を設けることが他の強行規定（例：消費者契約法）に抵触しないことにつき検討が必要となることは当然である。

13) 検討に当たっての具体的な考慮要素につき、適用指針27項、28項参照。

イ　収益認識の時期（ステップ5）

　非成果完成型（履行割合型）の役務提供契約、とりわけ純粋なサービス提供を内容とする契約の場合、前記(2)イのいずれかの要件を満たし、履行義務が「一定の期間」にわたり充足されるものと判断されることが一般的と考えられる（民法648条参照）。この場合、前記アのように役務提供と対価の支払時期が乖離するケースであっても、対価の支払時期ではなく履行義務を充足した年度において（変動対価や重要な金融要素を考慮した取引価格の算定を行った上で）収益を認識すべきことになる点に留意が必要である[14]。

(4)　ライセンス契約における収益認識時期の特例

　ライセンス契約も実務上多く見られる取引類型であるが、この場合、収益認識の時期に関して、知的財産権の内容に着目した特別な判断枠組みが適用される[15]。すなわち、顧客に対して提供される権利の性質が、(i)「ライセンス期間にわたり存在する企業の知的財産にアクセスする権利」[16] であれば「一定の期間」にわたり充足される履行義務として、(ii)「ライセンスが供与される時点で存在する企業の知的財産を使用する権利」[17] であれば「一時点」において充足される履行義務として、それぞれ取り扱われることとされている（本適用指針62項）。

　これは、端的にいえば、ライセンスの供与開始時点において、対象となる知的財産権の内容・価値が固定的であるか流動的であるかに応じ

---

14) この場合、前受金や未収金について、契約資産、顧客との契約から生じた債権または契約負債を貸借対照表に計上すべきことになる（本基準77項、78項）。
15) ただし、ライセンスを供与する約束が独立した履行義務である場合に限られる（本適用指針61項）。
16) 具体的には、①知的財産に著しく影響を与える活動を企業が行うことが、契約により定められているまたは顧客により合理的に期待されていること、②知的財産に著しく影響を与える企業の活動により、顧客が直接的に影響を受けること、および③知的財産に著しく影響を与える企業の活動の結果として、企業の活動が生じたとしても、財またはサービスが顧客に移転しないこと、との要件をすべて満たす場合にこれに該当する（本適用指針63項）。
17)「ライセンス期間にわたり存在する企業の知的財産にアクセスする権利」に該当しない場合にこれに該当する（本適用指針64項）。

て、収益認識の時期が異なるということである。たとえば、ソフトウェ
ア、薬品の製法、メディア・コンテンツ等に係る知的財産権の場合に
は、その内容は固定的であり、「ライセンスが供与される時点で存在す
る企業の知的財産を使用する権利」（「一時点」において充足される履行義
務）に該当するケースが多いであろう[18]。他方、フランチャイズ契約に
おけるブランドからの便益については、知的財産権の価値を補強するま
たは維持する企業の継続的活動を前提とするため、その内容は流動的で
あり、「ライセンス期間にわたり存在する企業の知的財産にアクセスす
る権利」（「一定の期間」にわたり充足される履行義務）に該当するケース
が多いものと考えられる[19]。

　この点については、契約内容のほか、企業の取引慣行や公表した方針
等も含めて判断される（本適用指針 149 項）。法務担当者としては、取
引の背景事情等についても十分に理解した上で、当該ライセンスがいず
れに該当するかを検討し、契約条項中にこれと矛盾する規定が含まれて
いないかを慎重に検討すべきことになろう。

7　おわりに

　以上、本基準等に基づく収益認識のあり方について、法務担当者の目
線から理解・留意すべき事項を概説した。本基準等が「契約に基づく収
益認識の原則」を採用したことで、収益認識は法務・会計・税務の交錯
する分野となっている。法務担当者としては、本章において述べた本基
準等の全体像や主要な論点を把握した上で、各関連部門において対応の
空隙が生じないよう、財務部その他の関連部門や専門家等と密に連携を
取りながら対応することが必要となろう。

18）本適用指針 65 項(1)、150 項参照。
19）本適用指針 65 項(2)参照。

グループ内取引に関する税務上の留意点

◇◇◇

1　はじめに

　今日では、事業規模の拡大や効率的な事業展開等のさまざまな理由から、企業グループの大規模化・国際化が進んでおり、企業活動の過程において、グループ企業間の取引（以下「グループ内取引」という）が広く行われている。グループ内取引には、子会社に対する製造・業務委託といった日常的・継続的な取引から、大規模なグループ内再編といった独自性・複雑性の高い取引まで、さまざまな類型のものが含まれる。

　法務担当者の視点では、このようなグループ内取引について、将来の紛争発生のリスクが低いものとして、緻密な契約書を作成することが必ずしも重要視されないことがある[1]。また、取引条件についても、第三者間における取引のように当事者間で厳しい交渉がなされるわけではないため、恣意的な設定が行われることがある。

　しかしながら、このようなグループ内取引における契約運用が、税務

---

1)　もっとも、近時のグループガバナンスやコンプライアンスに係る議論の発展や、将来的にグループ会社を第三者に売却する場合等を考慮して、法務上の観点からもグループ内取引について厳密な契約書作成を行うべきとの議論があることは別論である。

および会計の観点から思わぬ問題を惹起する可能性があることについて、法務担当者としても十分に認識しておく必要がある。特に、グループ内取引については、第三者との取引とは異なる特殊な税制が適用される可能性があることから、その概要を理解しておくことはきわめて有用である。

　本章では、以上のような観点から、グループ内取引において問題となり得る税制の概要と、法務担当者における留意点について説明する。

2　グループ内取引に関わる税制の概要と留意点

　グループ内取引に関わる税制にはさまざまなものがあるが、制度の趣旨から大きく分類すると、(i)課税上の弊害を防止するための税制（無償・低額取引に関する税制、移転価格税制、外国子会社合算税制、過少資本税制、過大支払利子税制、一般的行為計算否認規定）と、(ii)グループの一体性等の経済実態に即した課税を行うための税制（グループ法人税制、グループ通算制度、組織再編税制）に分けられる。前者(i)は、グループ内取引においては、恣意的な取引条件の設定が可能であることを利用した租税回避行為が容易に行われ得ることから、これを防止して適正な税収を確保するための制度であり、基本的には課税方向に働くものである。これに対して、後者(ii)は、グループ内取引について第三者との取引と同様の課税を行った場合に、経済実態を反映しない課税・非課税が生じることを防ぐための制度であり、基本的には納税者にとって有利にも不利にも働き得る中立的な性質を有する。

　以下、各制度について説明する。

(1)　課税上の弊害を防止するための税制
ア　無償・低額取引と寄附金
　取引の対価が適正な価額（時価）と乖離している場合（たとえば、グループ企業間で無償・低額取引を行う場合）、税負担の公平性や競争中立性を確保するとの観点から、原則として、（無償または低廉な）取引対価で

はなく時価を前提とした課税関係が生じる[2]。

　すなわち、法人税法上、適正な価額（時価）で資産譲渡や役務提供（以下「譲渡等」という）を行った場合には、(i)譲渡等を行った法人において、当該価額を益金、これに要した原価等の費用を損金として認識し、その差額について譲渡損益課税が行われる一方、(ii)譲渡等を受けた法人においては特段譲渡損益課税は行われない。これに対して、無償取引や低額取引が行われた場合、(i)譲渡等を行った法人においては、適正な価額（時価）を益金、これに要した原価等の費用を損金として認識し、かつ、当該益金のうち資産または経済的利益の贈与または無償の供与として寄附金に該当する部分（時価と取引対価との差額）については損金算入が否定されるため、結果として（時価に相当する対価を受け取っていないにもかかわらず）上記の時価取引の場合と同様の譲渡損益課税が生じることになる。また、(ii)譲渡等を受けた法人においては、適正な価額（時価）と支払った対価の差額について、受贈益として益金に算入され、法人税課税の対象となる[3]。

　かかる無償・低額取引に関する課税ルールは、第三者との取引についても適用され得るが、基本的には、前記 **1** のとおり取引条件を恣意的に設定できるグループ内取引において問題となる。

　なお、例外的に、無償・低額取引であっても課税対象とならない場合がある。たとえば、実務上しばしば問題となるのが、経営不振に陥った

2）ただし、後記(2)アのとおり、完全支配関係があるグループ法人間の取引については、グループ法人税制が適用され、課税が繰り延べられる。

3）たとえば、ある法人（譲渡法人）が取得価額 600 万円の土地をその時価が 800 万円となっている時点で他の法人（譲受法人）に無償譲渡した場合、以下の課税関係となる（法人税法 22 条 2 項ないし 4 項、37 条）。
　〈譲渡法人〉時価（800 万円）を益金として認識する。取得価額（600 万円）を損金として認識するほか、時価（800 万円）と実際の対価（無償）との差額 800 万円については寄附金として損金算入制限を受ける。その結果、（寄附金部分が全額損金不算入されたとすると）時価（800 万円）から取得価額（600 万円）を控除した額（200 万円）が課税対象となり、適正な価額で譲渡がされた場合と同様の課税関係となる。
　〈譲受法人〉時価（800 万円）を益金として認識する。なお、譲受法人における取得価額は 800 万円となるから、将来、譲受法人がこの土地をさらに譲渡した場合には、譲受法人において譲渡対価と当該取得価格（800 万円）との差額が譲渡損益課税の対象となる。

グループ会社に対する債権放棄や資金提供等の経営支援である。このようなグループ会社支援は、経営判断原則の下で会社法上許容される場合があるが、税務上も、一定の要件の下で、このようなグループ会社支援に要した債権放棄損等について損金算入が認められる可能性がある[4]。もっとも、会社法上許容されるグループ会社支援であるからといって、税務上も直ちに損金算入が認められるとは限らない（税務上の要件の方が厳格である）という点については留意が必要である。

　法務担当者としては、(i)取引条件の検討や契約書の作成過程において、当該取引が税務上の時価取引となっているか（この点の検討が十分になされているか）否かを注視するとともに、(ii)何らかの理由により時価と異なる対価設定の必要がある場合には、①そのような対価設定とすることが合理的なものとして課税実務上許容されるか（たとえば、グループ会社に対する経営支援として損金算入が認められるための要件を満たすか）、②グループ法人税制（後記(2)ア）等の適用があるか、といった点を（必要に応じて財務担当者や専門家等も交えて）確認し、想定外の課税関係が生じることのないよう十分に留意する必要がある。

イ　移転価格税制

　日本企業が海外のグループ会社との間で取引を行う場合には、移転価格税制（租税特別措置法（以下「租特法」という）66条の4）が問題となり得る。

　国境を越えた取引において、独立当事者間の取引において通常設定される価格（以下「独立企業間価格」という）とは異なる価格による取引が行われた場合、所得の国際的な移転が生じる[5]。特に、国際的な企業グループにおいては、このような取引を通じて、低税率国にある関連会社や赤字会社への利益（所得）の付け替えを行うことで、グループ全体の租税負担を圧縮することが可能となる。このような問題に対応し、各国

---

4) 法人税基本通達 9-4-1、9-4-2、9-6-1(4)、9-6-2 参照。
5) たとえば、A国の法人がB国の法人に対して、資産を低額譲渡した場合、特別な税制が無ければ、A国の税収が減少し、B国の税収が増加する。

の課税権を適切に確保・調整するための制度が移転価格税制であり、日本のみならず、各国において同様の制度が導入されている。

　日本における移転価格税制においては、日本が課税権を有する法人（主として内国法人）が「特殊の関係」[6] にある外国法人（以下「国外関連者」という）との間で取引（以下「国外関連取引」という）を行った場合に、当該法人が当該国外関連者から支払いを受ける対価の額が「独立企業間価格」に満たないとき（＝アウトバウンド取引が低額で行われるとき）、または当該法人が当該国外関連者に支払う対価の額が「独立企業間価格」を超えるとき（＝インバウンド取引が高額で行われるとき）は、当該法人の所得の計算において、当該国外関連取引が「独立企業間価格」で行われたものとみなすこととされている[7]。

　移転価格税制の適用の有無の検討に当たっては、独立企業間価格の算定が適切に行われることが重要となる。もっとも、独立企業間価格の算定においては、税法上認められている複数の算定方法[8] から適切なものを選択した上で、当該算定方法の適用に必要なデータ（たとえば、比較対象となる取引に関するデータ）を収集し、分析・検討を行わなければならず、きわめて専門的な知見が必要となる。企業によっては、かかる分析・検討について専門部署において対応するケースもあり、この点について法務担当者の関与が求められる場面は一般的には限定されると考えられる。もっとも、法務部所管の契約において移転価格税制の適用が問題となるケースは十分に想定されるため、法務担当者としても、国際

6）「特殊の関係」は、概要、以下の関係を指す（租税特別措置法施行令（以下「租特令」という）39条の12第1項）。
　①　一方が他方の発行済株式総数等の50％以上を直接または間接に保有する関係（例：親子会社の関係）
　②　双方が同一の者（個人およびその親族等を含む）によりその発行済株式総数等の50％以上を直接または間接に保有されている関係（例：兄弟会社の関係）
　③　役員派遣、取引依存、資金提供等により、一方が他方の事業の方針の全部または一部を実質的に支配できる関係

7）なお、国際取引においては、前記アの無償・低額取引に係る課税の問題（いわゆる国外関連者寄附金の問題）も併せて生じることになる。

8）独立価格比準法、再販売価格基準法、原価基準法、利益分割法、取引単位営業利益法、DCF法等の算定方法が認められている。

的な取引においては独立企業間価格の分析・検討が行われているか、注視しておく必要があろう。とりわけ、無形資産取引[9]においては、取引自体の独自性が大きいことが多く、他の取引との比較よりも契約内容自体の分析を重視して独立企業間価格の算定がなされ得るため、契約書の作成に際しては慎重な検討が必要となることがあり得る。

ウ　外国子会社合算税制（タックス・ヘイブン対策税制、CFC税制）

いわゆるタックス・ヘイブン（税負担がないまたは著しく低い国または地域）に設立した子会社等を通じて事業活動を行うことにより、グループ全体の租税負担の回避または軽減を行うことは、典型的な国際的租税回避の一手法である。これを防止するため、軽課税国において設立された関係会社の所得について、一定の要件のもとで内国法人の所得に合算して日本の課税権を及ぼす、外国子会社合算税制（タックス・ヘイブン対策税制、CFC税制）が設けられている。同様の制度は、諸外国においても広く存在する。

日本の外国子会社合算税制は近年の税制改正等により相当複雑なものとなっているが、概要は以下のとおりである。すなわち、(i)実効税率が20％未満である国または地域に所在する「外国関係会社」[10]の所得[11]のうち、その発行済株式等の10％以上を直接または間接に保有する内国法人の持株数に対応する部分の金額は、当該内国法人の益金に算入され、日本の法人税の課税対象となる（租特法66条の6第1項）。合算対象となる所得については、一定の要件（経済活動基準）を満たさない場

---

9) なお、移転価格税制の文脈においては、無形資産には、(i)特許権、実用新案権、意匠権、商標権や著作権等の法定の知的財産権のほか、(ii)顧客リストおよび販売網、(iii)ノウハウおよび営業上の秘密、(iv)商号およびブランド、(v)無形資産の使用許諾または使用許諾に相当する取引により設定される権利、ならびに(vi)契約上の権利が含まれており（租税特別措置法関係通達（法人税編）66の4(8)-2、法人税法施行令183条3項1号、法人税基本通達20-3-2参照）、対象となる資産・権利や取引様態が広範に及ぶことにも留意が必要である。

10) 概要、居住者または内国法人等が合計で50％超を直接または間接に保有または実質的に支配している外国法人のことである（租特法66条の6第2項1号）。

11) ただし、日本の法令に基づき調整がされる。かかる調整後の金額は、「適用対象金額」と呼ばれる。

合には外国関係会社の全所得が、当該要件を満たす場合には、配当等の実質的活動のない事業から得られる所得（いわゆる受動的所得）のみが、それぞれ合算対象となる。ただし、(ii)実効税率が20％以上30％未満である国または地域に所在する外国関係会社であっても、①事業活動の実態がないもの（ペーパー・カンパニー）、②総資産に比して受動的所得の占める割合が高いもの（事実上のキャッシュ・ボックス）、および③情報交換に関する国際的な取組みへの協力が著しく不十分な国等（ブラック・リスト国）に所在するものについては、その所得は同様に合算対象となる。

　近年においては、法人税率が世界的に引き下げられる中で、伝統的なタックス・ヘイブンのみならず、日本企業が純粋に事業上の理由から進出している国または地域（米国等）においても、外国子会社合算税制の適用が問題となるケースが見られるようになっている。法務担当者においても、特に新たな国または地域への進出を検討する際には、同税制の適用リスクの検討が必要となることを十分に認識しておく必要があろう[12]。

エ　過少資本税制、過大支払利子税制

　以上のほか、国外のグループ会社等からの借入れによって資金調達を行う場合、過少資本税制および過大支払利子税制の適用が問題となり得る。

　まず、過少資本税制は、内国法人が国外のグループ会社等（親会社等）から資金提供を受けるに際し、出資に対する貸付けの比率が一定割合を超えた場合には、その超える部分についての支払利子の損金算入を認めないという制度である[13]。これは、法人の所得の計算上、配当は損金算入されない一方で、借入れに係る支払利子は損金算入されることを利用して、国外の株主からの資金調達時に、出資受入れよりも借入れを過剰にすることで、日本における租税負担を減少させるといった国際

---

12)　なお、この場合、現地における事業体選択に関して、日本の租税法上の取扱い（法人、人格のない社団等、任意組合その他の事業体のいずれに相当するものと解すべきか）が併せて問題となることも多い。

的租税回避が行われることを防止するための制度である。

　次に、過大支払利子税制は、法人の各事業年度における日本の課税権が及ばない者に対する支払利子等の額（対象純支払利子等の額）が、法人の所得（調整所得金額[14]）の20％[15]を超える場合には、その超える部分についての損金算入を否定する制度である（租特法66条の5の2）。これは、所得金額に比して過大な利子等を支払い、当該支払額を損金算入することで、日本における租税負担を圧縮することを防止するための制度である。なお、同税制は、過少資本税制と異なり、適用対象がグループ会社に対する支払利子に限定されておらず、第三者に対する支払利子も対象となる点に留意が必要である[16]。

オ　一般的行為計算否認規定

　課税関係は、原則として個別の税法規定に従い決定される。しかしながら、個別の税法上の要件を形式的に満たす（または満たさない）取引を意図的に仕組むことにより、規定を潜脱的に利用した租税回避行為が行われる余地が存在する。このような課税上の弊害に対処するため、同

13）具体的には、内国法人の各事業年度の「国外支配株主等」および「資金供与者等」に対する平均負債残高が国外支配株主等の当該内国法人に対する資本持分の3倍を超える場合、国外支配株主等または資金供与者等に対する負債の利子等の額のうち、その超える部分に対応する金額についての損金算入が否定される（ただし、負債の総額に係る平均負債残高が自己資本の額に相当する額の3倍以内である場合には適用されない）（租特法66条の5）。「国外支配株主等」とは、内国法人と50％以上の出資その他の特別の関係にある非居住者または外国法人のことであり（租特法66条の5第5項1号、租特令39条の13第12項）、「資金供与者等」とは、国外支配株主等の保証等に基づき、内国法人に対して資金供与をする者等のことである（租特法66条の5第5項2号、租特令39条の13第14項）。

14）「調整所得金額」は、いわゆる利払前所得であり、当期の税引前所得に、「対象純支払利子等の額」および減価償却費等を加算する等の調整を加えた金額のことである（租特令39条の13の2第1項）。

15）なお、かかる基準値は、令和元年度税制改正により50％から現行の20％に引き下げられている。

16）令和元年度税制改正前は、対象となる純支払利子等の額が関連者等への支払利子に限定されていたが、同改正後は、第三者への支払利子も対象となっている。ただし、改正前後を問わず、受領者側で日本の課税対象所得に含まれる支払利子は対象外である（租特法66条の5の2第2項2号、3号）。

族会社[17] による取引、組織再編成取引、連結法人による取引といった、租税回避行為の可能性が類型的に高い一定の取引については、「一般的行為計算否認規定」が設けられている（法人税法132条1項、132条の2、132条の3 等[18]）。

　一般的行為計算否認規定が適用される場合、実際になされた取引（行為計算）の内容にかかわらず、税務署長においてこれらを税務上正常な取引（行為計算）に引き直した上で、それに基づく課税を行うことが認められる。すなわち、これらの規定が適用される場合には、問題となる取引について、税法規定を形式的に当てはめた場合とは異なる課税がなされ得るということになる。

　もっとも、一般的行為計算否認規定が適用されるのは、基本的には、租税回避目的で取引を実施したことが明らかであるようなきわめて例外的な場面であり、特に法務担当者が主体的に関与する案件において、同規定の適用が問題となるケースは稀であると考えられる。しかしながら、法務担当者としても、究極的にはこれらの規定の適用を通じて想定とは異なる課税関係が生じる可能性があることを認識した上で、たとえば他の部署から税負担軽減目的であることが疑われる取引が提案された場合等には、受動的に法的観点からの検討を行うのみではなく、税務上のリスクについて十分な検討がなされているかを慎重に確認する必要があることを意識すべきであろう。

(2)　経済実態に即した課税を行うための税制
ア　グループ法人税制
　グループ法人税制は、完全支配関係[19] がある企業グループにおけるグループ内取引について、その経済実態に鑑み、税務上の損益の繰延べ等を定めた制度である。

---

17) 具体的には、3人以下の株主ならびにこれらと政令所定の特殊の関係にある個人および法人が、発行済株式総数または総額の50%超を保有しているような会社のことである（法人税法2条10号）。
18) なお、所得税法157条1項1号、相続税法64条1項、地価税法32条1項においても同趣旨の規定が設けられている。

　グループ法人税制の主な内容は以下のとおりである。なお、これらは内国法人同士の取引についてのみ適用され、また、後記イのグループ通算制度とは異なり、納税者の選択の有無を問わず、要件を満たせば強制的に適用される。

(a)　一定の資産の譲渡に関する課税繰延・寄附金の損金不算入

　完全支配関係があるグループ会社間で一定の資産（「譲渡損益調整資産」[20]）の譲渡を行った場合には、譲渡法人における譲渡損益課税が繰り延べられる（法人税法 61 条の 13 第 1 項）。その後、譲受法人がさらに譲渡を行った場合や、譲渡当事者間に完全支配関係がなくなった場合等、実質的に当該資産がグループ外に流出したタイミングで、繰り延べられていた譲渡損益の額が譲渡法人において益金または損金に算入されることにより課税される（同法 61 条の 13 第 2 項、3 項）。

　さらに、完全支配関係があるグループ会社に対する寄附金の額は、譲渡法人において損金の額に算入されない一方（同法 37 条 2 項）、譲受法人においても益金の額に算入されない（同法 25 条の 2 第 1 項）。

(b)　配当の益金不算入

　完全支配関係がある子会社（100％子会社）からの配当は、その全額が益金不算入となる（法人税法 23 条）。

イ　グループ通算制度

　グループ通算制度も、グループ法人税制同様、グループ会社の一体性

---

19)（i）一の者が法人の発行済株式等の全部を（直接または間接に）保有する場合における当該一の者と当該法人との間の関係（当事者間の完全支配の関係）、および、（ii）一の者との間に当事者間の完全支配の関係がある法人相互の関係をいう（法人税法 2 条 12 号の 7 の 6、法人税法施行令 4 条の 2 第 2 項）。たとえば、（i）には、100％親会社と 100％子会社との間の関係が含まれ、（ii）には、100％親会社を通じた兄弟会社である 100％子会社同士の関係が含まれる。

20)　固定資産、土地、有価証券、金銭債権および繰延資産であるが、土地以外の棚卸資産、売買目的有価証券、譲渡直前の帳簿価額が 1,000 万円以下の資産は対象外となる（法人税法施行令 122 条の 14 第 1 項）。

を踏まえた制度である。すなわち、法人税法上、各法人が個別に課税所得金額および法人税額の計算および申告を行い（個別申告方式）、かつ、法人間における損益通算は認められないのが原則であるが、グループ通算制度が適用される場合、完全支配関係にある企業グループについて、個別申告方式は維持しつつ、同時に、企業グループの一体性に着目し、課税所得金額および法人税額の計算上、企業グループをあたかも1つの法人であるかのようにとらえて損益通算等の調整が行われる。これにより、グループ全体の税額減少効果が期待できるとのメリットがある。

　なお、このグループ法人制度は、令和2年度税制改正により、連結納税制度に代わって導入されたものである（グループ通算制度は、令和4年4月1日以後に開始する事業年度より適用される）。かかる改正の趣旨については、「連結納税制度の適用実態やグループ経営の実態を踏まえ、損益通算の基本的な枠組みは維持しつつ、企業の事務負担の軽減等の観点から簡素化等の見直しを行う」[21] ものとされている。改正の内容は多岐にわたるが、納税事務の観点からは、グループ通算制度において個別申告方式が採用された点が重要である。すなわち、連結納税制度においては、親法人が連結グループ内の税務情報を集約した上で申告納付することとされていたため、所得計算や税額計算が煩雑であり、修正申告や更正・決定に係る事務負担が過重となるとの問題があった。この点、グループ通算制度においては、個別申告方式が採用されているため、修正申告や更正・決定についても個別法人レベルで行われることにより、このような問題についての解決が図られている[22]。

　以下、グループ通算制度の概要について説明する。

(a)　適用範囲

　グループ通算制度の適用を受けるか否は任意に選択可能であるが、適用を選択した場合、対象となる法人を自由に選択することはできない（法人税法64条の9第1項）。すなわち、グループ通算制度の適用を受ける場合、国内の100％子会社が強制的に対象となる[23]（国内の100％子

---

21) 財務省「令和2年度 税制改正の解説」821頁。

会社の一部を任意に対象外とすることはできない）。また、その他の子会社
（100％未満の子会社）や外国の子会社を対象とすることはできない。

(b)　申告・納付

　上記のとおり、グループ通算制度においては個別申告方式が採用され
ており、各法人が個別に課税所得金額および法人税額の計算および申告
を行うが、グループ通算制度の対象となる法人（以下「通算法人」とい
う）は、他の通算法人の法人税に関して、連帯納付の責任を負う（法人
税法 152 条 1 項）。

(c)　損益通算・繰越欠損金の通算

　グループ通算制度の適用がある場合、欠損法人（赤字法人）の欠損金
額の合計額を各所得法人（黒字法人）の所得金額比で配分して各所得法
人において損金算入がされる（プロラタ方式による損益通算）（法人税法
64 条の 7）。

　具体的な計算例は後記**表 1** および**表 2** のとおりである[24]。

---

22) 個別申告方式の採用の他、連結納税制度とグループ通算制度とでは、たとえば以下のよ
うな相違点がある。
　① 　損益通算・税額調整等：連結納税制度では、グループ内の所得金額と欠損金額を
　　合算することで損益通算を行っていたが、グループ通算制度では、欠損法人（赤字
　　法人）の欠損金額を所得法人（黒字法人）にその所得金額比で配分する等、いわゆ
　　るプロラタ方式が採用される。
　② 　開始・加入時の時価評価課税／繰越欠損金：開始・加入時の時価評価課税や繰越
　　欠損金のグループへの持込み等について、組織再編税制と整合性が取れた制度とし、
　　通算グループの開始・加入時の時価評価課税や繰越欠損金の持込み制限の対象が縮
　　小される。
　③ 　親法人の制度導入前の繰越欠損金の取扱い：連結納税制度では、制度導入前の親
　　法人の欠損金が連結グループ内の子法人の所得からも控除可能とされていたが、グ
　　ループ通算制度では、制度導入前の親法人の欠損金は自己の所得の範囲内でのみ控
　　除可能とされる。
23) ただし、親会社と国内の 100％ 子会社との間に外国法人が介在する場合における当該
　100％ 子会社等、一定の 100％ 子会社は対象外となる（法人税法 64 条の 9 第 1 項柱書
　かっこ書き、各号）。
24) 国税庁「グループ通算制度に関する Q ＆ A」（令和 2 年 6 月（令和 2 年 8 月・令和 3 年 6
　月改訂・令和 4 年 7 月改訂））93 頁以下参照。

　グループ通算制度の下で生じた繰越欠損金（**表2**における「翌事業年度へ繰り越す欠損金」）も各通算法人が共通して利用することができるが、グループ通算制度の開始前やグループ通算制度への加入（後記(d)参照）前に生じたものなど一定の繰越欠損金については、その利用に制限がかかる（ある法人に係る繰越欠損金は当該法人の所得金額の範囲内でのみしか利用できない等）（法人税法64条の5）。

表1：「所得金額の合計額＞欠損金額の合計額」の場合

	P社	S1社	S2社	S3社
損益通算前	所得金額：500	所得金額：100	欠損金額：50	欠損金額：250
損益通算	欠損金額の合計×所得金額／所得金額の合計が損金算入される		所得金額の合計＊×欠損金額／欠損金額の合計が益金算入される	
	300×500／600 ＝250 ▶ 損金算入	300×100／600 ＝50 ▶ 損金算入	300×50／300 ＝50 ▶ 益金算入	300×250／300 ＝250 ▶ 益金算入
損益通算後	所得金額：250	所得金額：50	欠損金額：0	欠損金額：0

＊欠損金額の合計額より所得金額の合計額が多い場合、欠損金額の合計額（上記例では50＋250＝300）が上限となる。

表2：「所得金額の合計額＜欠損金額の合計額」の場合

	P社	S1社	S2社	S3社
損益通算前	所得金額：250	所得金額：50	欠損金額：500	欠損金額：100
損益通算	欠損金額の合計＊×所得金額／所得金額の合計が損金算入される		所得金額の合計×欠損金額／欠損金額の合計が損金算入される	
	300×250／300 ＝250 ▶ 損金算入	300×50／300 ＝50 ▶ 損金算入	300×500／600 ＝250 ▶ 益金算入	300×100／600 ＝50 ▶ 益金算入
損益通算後	所得金額：0	所得金額：0	欠損金額：250 ▶ 翌事業年度へ繰り越す欠損金	欠損金額：50 ▶ 翌事業年度へ繰り越す欠損金

＊所得金額の合計額より欠損金額の合計額が多い場合、所得金額の合計額（上記例では250＋50＝300）が上限となる。

　(d)　加入・離脱

　グループ通算制度の適用がある状態で、ある法人が新たに通算法人（100％子会社）となった場合（グループ通算制度への加入）、原則として、当該法人が有する一定の固定資産、土地、有価証券、金銭債権および繰

延資産について時価評価課税がなされるが、当該法人が、①通算グループ内の新設法人、②適格株式交換等[25]により加入した法人、③適格組織再編成と同様の要件に該当する法人のいずれかである場合には、時価評価課税はなされない（法人税法 64 条の 12）[26]。

　一方、ある通算法人がグループ通算制度の適用対象外となった場合（グループ通算制度からの離脱）、原則として、時価評価課税はなされないが、当該法人が主要な事業を継続することが見込まれない場合等においては、時価評価課税がなされる（法人税法 64 条の 13）[27]。

ウ　組織再編税制

　合併や株式交換といった組織再編成[28]は、いわゆるM&A等のほか、グループ内再編のためにも用いられる。かかるグループ内再編のストラクチャリングに際しては、課税関係も重要な考慮要素となるため[29]、法務担当者としても組織再編成に関する課税ルールの大枠を理解しておくことが有用である。

　組織再編成に関する課税関係は、「適格組織再編成」に該当するか否

25）「株式交換等」とは、(i)株式交換、(ii)全部取得条項付種類株式の端数処理、(iii)株式併合の端数処理、(iv)株式売渡請求のいずれかの方法による 100% 子会社化のことであり、「適格株式交換等」は適格要件を満たす株式交換等のことである（法人税法 2 条 12 号の 16、12 号の 17）。

26）なお、グループ通算制度を開始する際にも時価評価課税がなされ得るが（法人税法 64 条の 11）、時価評価課税の対象法人から、(i)いずれかの子法人との間に完全支配関係の継続が見込まれる親法人、および、(ii)親法人との間に完全支配関係の継続が見込まれる子法人が除外されているため、時価評価課税が問題となる場面はそれほど多くないと考えられる。

27）なお、グループ通算制度の適用自体を取りやめた場合も同様である。

28）合併、会社分割、現物出資、現物分配、株式交換等および株式移転が組織再編税制の対象となる。なお、完全子会社化は、株式交換のほか、全部取得条項付種類株式の端数処理、株式併合の端数処理または株式売渡請求によっても実現可能であるため、法人税法上は、これらについても「株式交換等」に含められ（法人税法 2 条 12 号の 16）、組織再編税制の規律が及ぶこととされている。

29）たとえば、HD 社の直接の子会社としてA社とB社という 2 つの会社が存在する場合（A社とB社が兄弟会社である場合）に、B社をA社の子会社とする（HD 社から見るとB社を孫会社とする）方法は複数存在し（株式譲渡、現物出資、株式交換）、それぞれの方法で課税関係が異なり得る。なお、前記(1)オのとおり、組織再編成に関しても、一般的行為計算否認規定が設けられている（法人税法 132 条の 2）。

か（適格要件を満たすか）で大きく異なる。適格要件を満たさない組織
再編成（非適格組織再編成）については、原則的な課税ルールが適用さ
れることになるため、(i)移転資産の譲渡損益課税が行われ、(ii)欠損金の
引継ぎは認められず、また、(iii)株主段階における課税が行われる（ただ
し、この場合でも対価次第で譲渡損益が繰り延べられることがある）。他方
で、一定の適格要件を充足する場合、適格組織再編成として、(i)移転資
産の譲渡損益課税が繰り延べられ、(ii)一定の場合には欠損金の引継ぎが
認められ、また、(iii)株主段階における課税も繰り延べられる。ただし、
適格組織再編成等に該当する場合、組織再編成の当事者における繰越欠
損金の利用等に制限が生じ得る点には留意が必要である。

3　おわりに

　本章は、グループ内取引に関わる税制の概要と法務的観点からの留意
点について論じた。グループ内取引に関わる税制は多岐にわたり、か
つ、内容が複雑なものも存在するため、詳細な検討は財務部等専門部署
に委ねる必要があると考えられるが、法務担当者がそれぞれの制度の概
要について理解しておくことは、税務上の問題の早期発見や部署間の円
滑なコミュニケーションの観点から、企業グループ全体にとっても非常
に有用であると考えられる。

売買契約・役務提供契約

◇◇◇

1　はじめに

　売買契約および役務提供契約は、法務担当者として日常的に目にする機会の多い取引類型であるが、契約実務上、M&A取引における株式譲渡契約（Share Purchase Agreement：SPA）のように、課税関係が複雑であり、かつ税務リスクが顕在化した場合の影響がきわめて大きくなり得るような一部の取引を除いて、これらに関して詳細な税務関連条項が置かれるケースは稀である。このような実務を背景として、従来、法務担当者における契約書の作成・確認に際しても、税務上の取扱いが特段意識されないケースが多かったのではないかと思われる[1]。

　しかしながら、法務担当者としては、契約締結時に想定されていなかった課税関係の発生が、売買・役務提供契約における重要なリスクファクターの1つであることを十分に認識する必要がある。とりわけ、クロスボーダー取引においては、課税関係はより複雑となり、また事後

---

[1] もっとも、近時は、収益認識会計基準の制定等を契機として、状況は変容しつつある。収益認識会計基準等を踏まえた契約書の作成等に係る留意点の詳細については、第3章・第4章（契約において留意すべき収益認識会計基準）を参照されたい。

的に紛争となった場合の救済策も限定される可能性があるため、予防法務の観点からより慎重な検討が求められる[2]。

　本章では、売買契約・役務提供契約に関する基礎的な課税関係および法務担当者が契約書作成等において留意すべき事項について概説する。

2 売買契約

　売買契約は、目的物を有償で売り渡す契約である（民法555条）。一口に売買契約といってもその外延は広く、きわめて単純な物品の売買（小売販売等）から、継続的供給契約（仕入・販売取引等）、知的財産権の譲渡契約、大規模な不動産の譲渡契約、M&A取引における株式譲渡契約（SPA）等に至るまで、企業取引において利用される契約類型は多岐にわたる。これらの中には、それぞれの類型の取引における特性に応じて特に考慮が必要となる課税関係も存在する[3]が、以下では売買契約において一般的に問題となり得る基礎的な課税関係の概要について説明する。

(1) 法人税

　売買契約では、(i)譲渡を行った法人（売主）においては、譲渡対価を益金に算入し、これに要した原価等の費用を損金に算入することにより、その差額について譲渡損益課税がなされ、(ii)譲渡を受けた法人（買主）においては、当該譲渡対価を取得価額（簿価）として計上し、譲受け時には特段の課税は行われないのが通常である。もっとも、グループ内取引の場合、譲渡対価が時価と乖離しているとして、低額譲渡による

---

[2] 本章においては詳細に触れないが、クロスボーダー取引においては、取引の相手方の所在地国等、外国における課税関係も併せて考慮する必要がある点には留意が必要である。

[3] たとえば、株式譲渡契約（SPA）においては、譲渡後における税務申告の手続、将来的な税務紛争発生時の取扱いといった、M&A取引であることに起因する税務条項が設けられることがある。各契約類型に特有の課税関係については、次章以降も併せて参照されたい。

受贈益課税・寄附金の問題や、移転価格税制等のクロスボーダー取引における課税の問題等が生じる可能性があるため、留意が必要である[4]。

　なお、資産の賃貸借のうち一定の要件を満たすもの（リース取引）[5]については、その経済実態に鑑み、法人税法上は売買があったものとみなして課税される（法人税法64条の2第1項）。反対に、資産の買主から売主に対してリース取引に該当するような賃貸を行うことを前提とした売買を行った場合（いわゆるセール・アンド・リースバック取引）であって、実質的に金銭の貸借であると認められるものについては、（法律上は売買契約に該当するにもかかわらず、）法人税法はかかる資産の売買はなかったものとし、かつ買主から売主に対する金銭の貸付けがあったものとみなすこととされている（同条2項）。このように、法人税法上の取扱いが必ずしも法律上の整理と一致しない場合があることにも留意が必要である。

　一般的に、売買契約では、国内取引・クロスボーダー取引のいずれにおいても、法人税課税に関する契約上の手当てが問題となるケースは、一部の類型の契約[6]を除き稀である。もっとも、収益認識会計基準等の制定を受けて、法人税法上の収益認識の時期およびタイミングに関連して、同基準等を意識した契約書の作成・確認等が求められることとなった点には留意が必要である[7]。

4）グループ内取引に係る留意点については、第5章（グループ内取引に関する税務上の留意点）を参照されたい。
5）いわゆるファイナンス・リースと呼ばれる類型の取引であり、具体的には、①資産の賃貸借（所有権が移転しない土地の賃貸借等一定のものを除く）であって、②(i)当該賃貸借に係る契約が、賃貸借期間の中途においてその解除をすることができないものであることまたはこれに準ずるものであること（解約不能）、(ii)賃借人が当該賃貸借に係る資産からもたらされる経済的な利益を実質的に享受し、かつ当該資産の使用に伴って生ずる費用を実質的に負担するものであること（フルペイアウト）との各要件を満たすものをいう（法人税法64条の2第3項）。
6）法人税課税を意識した売買契約の条項例として、M&A取引における株式譲渡契約（SPA）では、表明保証違反等の場合に支払われる補償金が、株式の譲渡対価の調整である（したがって、課税対象となる損害賠償金には該当しない）ことを明確化する条項が置かれるケースが多い。
7）この点の詳細については、第3章・第4章（契約において留意すべき収益認識会計基準）を参照されたい。

(2) 源泉所得税

　源泉徴収制度とは、一定の物の譲渡や役務提供の対価の支払い等を行う場合に、支払者において、当該支払金額から一定額を控除した上で、課税当局に対して当該金額（源泉所得税）の納税を行うものである。

　売買契約に関しては、国内取引において源泉徴収が問題となるケースは通常想定されない。これに対して、クロスボーダーの売買契約においては、源泉徴収が問題となるケースが存在するため留意が必要となる。

　たとえば、非居住者や外国法人が売主となり、内国法人が買主となる場合、(i)国内にある土地等の譲渡や、(ii)国内業務に係る工業所有権等[8]の譲渡のケースにおいては、内国法人は譲渡対価の支払いに際して源泉徴収が求められる場合がある[9]。ただし、外国法人が日本に恒久的施設（Permanent Establishment：PE）を有している場合には、一定の手続を前提として国内源泉所得の支払いにつき源泉徴収を不要とする特例が存在する（所得税法 180 条）。また、この場合、源泉徴収が必要か否かは、最終的には日本と取引相手方の居住地国との間の租税条約により決せられることになるため、日本の国内税法上源泉徴収が求められる場合であっても、租税条約上これが減免される場合がある。なお、減免を受けるためには、通常一定の手続が必要となり、また、かかる税務上の特典を一定の要件を充足した者についてのみ付与する、いわゆる特典制限条項（Limitation of Benefits：LOB）を設ける租税条約もみられる。

　以上に対して、内国法人が売主となり、非居住者や外国法人が買主となる場合には、内国法人に対して支払われる譲渡対価についての源泉徴収の要否は、原則として取引相手方の居住地国の租税法および租税条約により決せられることになる[10]。

---

8) 具体的には、①工業所有権その他の技術に関する権利、特別の技術による生産方式もしくはこれらに準ずるもの、②著作権（出版権および著作隣接権その他これに準ずるものを含む）等がこれに含まれる（所得税法 161 条 1 項 11 号）（以下「工業所有権等」という）。
9) 所得税法 161 条 1 項 5 号・11 号、212 条 1 項・2 項、東日本大震災からの復興のための施策を実施するために必要な財源の確保に関する特別措置法（以下「復興財源確保法」という）28 条。
10) さらに、売買の目的物が売主・買主の所在地国と異なる第三国に所在する場合には、当該第三国における課税が問題となり得る点にも留意が必要である。

　したがって、法務担当者としては、クロスボーダーの売買契約を締結するに際して、まずは対価の支払いが源泉徴収の対象となるか否かを確認する必要がある。仮に源泉徴収が必要となる場合（または源泉徴収が必要か否かを明確に判断できない場合）には、譲渡対価に係る規定において、(i)支払者の立場からは、源泉所得税額控除後の金額を支払えば足りる旨の条項を設けるか、または、(ii)受領者の立場からは、いわゆるグロスアップ条項[11]を設けるかといった点を、契約締結過程での交渉内容を踏まえて検討する必要があることになる。この点が明確にされないまま支払いがなされ、事後的に源泉徴収漏れが発覚したような場合には、源泉所得税相当額の返還等をめぐって紛争が生じる可能性もある。

　なお、源泉徴収された税額は、国際的な二重課税を防ぐため、対価の受領者（売主）の居住地国における法人税等の額から控除されることが通常である（外国税額控除）。(i)国内租税法や条約上の課税の減免を受けるための手続や、(ii)外国税額控除について必要となる手続等に関して、相手方に一定の協力義務を課す契約条項例もみられる。

(3)　消費税

　消費税の課税対象は、(i)国内において事業者が事業として対価を得て行う資産の譲渡、貸付けおよび役務の提供（以下「資産の譲渡等」という）、ならびに(ii)保税地域からの外国貨物の引取り（輸入取引）とされている（消費税法4条1項・2項）。売買取引はこれらに該当し、消費税課税の対象となるのが原則である。

　もっとも、売買取引であっても、消費税が課されない場合が存在する。すなわち、国内において行われない取引は、資産の譲渡等に該当しないため、消費税課税の対象とならない（不課税取引）。資産の譲渡が国内において行われたか否かの判定（内外判定）は、資産の所在場所が国内にあるか否かにより行われる（同条3項1号）。また、資産の譲渡等

11）グロスアップ条項とは、源泉徴収等が行われなかったとすれば売主が得られたであろう金額を支払う（すなわち、手取額を合意された譲渡対価の額とする）条項であり、この場合、源泉所得税相当額は支払者（買主）が負担することとなる。

に該当する取引であっても、消費税の課税になじまないような一定の取引（例：土地や有価証券の譲渡）については、政策的に課税しないこととされている（非課税取引。同法6条、別表第一・第二）。さらに、国内において行われる取引であっても、日本からの輸出として行われる資産の譲渡または貸付け等については、消費税が免除される（輸出免税。同法7条等）。

　したがって、法務担当者においては、まずは問題となる売買取引が消費税の課税対象となるか否かを確認する必要があることになる。特にクロスボーダー取引の場合には、内外判定や輸出免税に関して、消費税の課税対象となるか否かが問題となることが多いため、法務担当者としても、財務部や税務専門家等との協力のもと、これらの点を慎重に確認する必要がある。

　以上の確認の結果として、当該売買契約について消費税が課税されることとなった場合には、契約書における譲渡対価に係る定めにおいて、当該譲渡対価が消費税を含むものであるか否か（消費税の負担者）を明確にすることが重要である。特に、売買目的物に課税取引と非課税取引が混在しているような場合（たとえば、土地（非課税）と建物（課税）を同時に譲渡する場合等）には、消費税に係る取扱いが明確となるよう、それぞれの対価の内訳を明確に規定することが望ましい。なお、消費税の負担者をいずれとするかは原則として取引当事者間の交渉により決せられることになるが、取引相手に消費税の負担を強いることについては、独占禁止法や下請法といった他の法令に抵触する可能性がある点にも留意が必要である。

(4)　その他

　売買契約に関して問題となるその他の税目として、印紙税、登録免許税、固定資産税、不動産取得税が挙げられる。これらについての課税関係の概要および留意点については、第2章（取引法務に関連する各種租税等と実務上の留意点）**2**を参照されたい。

3　役務提供契約

　役務提供契約には、民法上の委任契約（民法643条）、準委任契約（同法656条）、請負契約（同法632条）、雇用契約（同法623条）、寄託契約（同法657条）等が含まれ、提供される役務の内容に応じて、その類型はきわめて多様である。以下では、主として第三者との間で締結される役務提供契約を念頭に置いた上で、その基礎的な課税関係を解説する[12]。

(1)　法人税

　役務提供取引では、役務提供を行った法人においては、役務提供の対価を益金に算入し、これに要した費用が損金に算入される。

　これに対して、役務提供を受けた法人においては、原則として、(i)単純に役務提供を受ける場合には、支払った対価が損金に算入される[13]ことになるが、(ii)請負契約等の成果物として資産の引渡しを受けた場合には、支払った対価は当該資産の取得価額として処理されることが原則である。もっとも、実務上は、両者の区別が微妙となる場合もある。たとえば、ソフトウェアの開発委託契約について、支払った対価が研究開発費と認められる場合には、取得価額ではなく損金として処理される（法人税基本通達7-3-15の3）。また、この点に関連して実務上問題となる論点としては、資本的支出と修繕費の区分が挙げられる[14]。

---

12) 実務上は、企業内部における役務提供契約（役員および従業員との間の委任・雇用契約）も重要である。これらは、会社法、労働法、金商法等に係る法務と税務が交錯する領域であり、法務担当者においても、財務部や税務専門家等と連携の上で慎重な検討を要する契約類型である。また、近時は株式報酬の普及等に伴い、報酬制度自体が複雑化する傾向にあり、これを受けて税法を含む各種関連法規の規定も複雑かつ詳細なものとなってきている。とりわけ、海外居住役員や従業員に対する株式報酬の支給については、現地法制や証券実務等も含むきわめて専門的な検討が必要になることもあり得る。

13) ただし、役員報酬のように、損金算入に当たり一定の要件が付される場合がある（役員報酬の損金不算入。法人税法34条）。

14) この点についての詳細は、第1章（契約書作成における法務・経理・税務の連携の必要性）**4**(1)イを参照されたい。

　このように、提供する役務の内容や対価の内訳によって税務上の処理が異なり得るところ、契約書上これらに係る規定内容が不明確であれば、事後的に混乱が生じる可能性がある。したがって、法務担当者が契約書を作成するに際しては、財務担当者や税務専門家等とも連携しつつ、税務上の取扱いを踏まえた上で、役務の内容や対価の内訳等を明確に規定することが望ましい。

　以上に加えて、内国法人が外国法人または非居住者との間で業務委託契約を締結し、外国において役務提供を受けるようなクロスボーダー取引の場合には、当該外国法人または非居住者が内国法人の代理人PEに該当し、内国法人が外国において事業所得課税を受ける可能性があるため、業務委託契約書の規定内容について慎重に確認する必要がある[15]。なお、契約実務上、一方当事者が他方当事者のPEに該当しないことを明記する例もみられるが、（当事者意思の明確化という観点から一定の意味は存するものの、）税務上は当該条項の存在のみから直ちにPE該当性が否定されるとは限らない点に留意が必要である。

　その他、グループ内取引や収益認識会計基準等に関する留意点については、売買契約について前記 **2**(1)で述べたところと同様である。

(2)　源泉所得税

　役務提供契約に係る対価の支払いについては、売買契約の場合よりも源泉徴収が必要とされる事由が広いため、源泉徴収の要否についてはより慎重な検討が必要となる。

　国内取引については、内国法人間の取引であれば通常源泉徴収が問題となることはないが、居住者（自然人）から役務提供を受けるケースでは、給与や一定の報酬・料金等の支払いについて源泉徴収が必要となる[16]。

　また、役務提供契約においても、売買契約と同様、源泉徴収の要否が実務上問題となるのは、主としてクロスボーダー取引の場合である。

15）この点についての詳細は、第2章（取引法務に関連する各種租税等と実務上の留意点）**3**(2)を参照されたい。
16）所得税法28条、183条、204条、同法施行令320条、租税特別措置法（以下「租特法」という）41条の20、復興財源確保法28条。

　まず、日本の所得税法上、(ⅰ)外国法人または非居住者に支払われる国内における人的役務提供事業の対価[17) 18)]、(ⅱ)外国法人または非居住者に支払われる国内業務に係る工業所有権等の使用料、(ⅲ)非居住者に対する給与その他の国内における人的役務提供に対する報酬については、支払時に源泉徴収が必要とされている[19)]。したがって、支払われる対価がこれらに該当するかの検討が必要となる。たとえば、人的役務提供事業の対価と使用料の区別が問題となるケースとして、以下のようなものが挙げられる。

ケース1：委託販売取引

　外国法人が、内国法人と契約を締結して自らのブランドの製品を日本国内において販売するに当たり、法的スキームとしては複数の選択肢が存在する。たとえば、(ⅰ)内国法人が外国法人の製造する製品を輸入販売する形（いわゆる販売店契約）とした上で、売上高の一定割合を商標権等のブランド使用に係るロイヤルティとして支払うような場合には、当該内国法人から外国法人に対する支払いにつき、工業所有権等（商標権等）の使用料等として、日本の所得税法および租税条約に照らして源泉徴収が必要か否かが問題となる。これに対して、(ⅱ)内国法人が取次や代理の形で製品を販売し、当該販売に関する顧客開拓、マーケティングその他の役務提供の対価（手数料）として、外国法人が内国法人に対して売上実績等に応じた一定の金額を支払う形（いわゆる代理店契約）とした場合には、当該手数料につき、人的役務提供事業の対価等として、外

---

17) 国内において人的役務の提供を主たる内容とする事業のうち一定のものを行う者が受ける対価については、原則として源泉徴収が必要となる。かかる事業として、政令において、(ⅰ)芸能人または職業運動家の役務の提供を主たる内容とする事業、(ⅱ)弁護士等の自由職業者の役務の提供を主たる内容とする事業、(ⅲ)科学技術、経営管理その他の分野に関する専門的知識または特別の技能を有する者の当該知識または技能を活用して行う役務の提供を主たる内容とする事業（主たる業務に付随して行われる場合等を除く）と定められている（所得税法施行令225条の5）。

18) ただし、外国法人が日本にPEを有している場合には、一定の手続を前提として源泉徴収を不要とする特例が存在する（所得税法180条）ことは、前記 **2**(2)において述べたとおりである。

19) 所得税法161条1項6号・11号・12号、212条1項・2項、租特法41条の22、復興財源確保法28条。

国法人の居住地国の租税法および租税条約に照らして源泉徴収が必要か否かを検討すべきことになる[20]。

ケース2：ソフトウェアの開発支援

　内国法人が、外国法人に対してソフトウェアの開発業務支援を委託し、システムエンジニアの派遣により役務の提供を受け、その対価を支払うようなケースにおいて、これが人的役務提供事業の対価に当たるか、ノウハウ[21]の使用料に当たるかが問題となり得る。この点、工業所有権やノウハウ等の権利者が「その権利の提供を主たる内容とする業務を行うことに伴いその提供先に対しその権利の実施のために技術者等を派遣する行為」については、「主たる業務に付随して行われる」ものとして人的役務提供事業に該当しないこととされている（所得税法施行令282条3号、所得税基本通達（以下「所基通」という）161-25(2)）。しかしながら、上記の開発業務支援が人的役務提供事業に該当するか、ノウハウの提供に付随する技術者等の派遣を行うものに過ぎないかについては、契約内容その他の事情を考慮して判断されることになる[22]。

　また、前記 **2** (2)において述べたのと同様、源泉徴収の要否については、最終的に租税条約の規定を踏まえて判断する必要がある点にも留意が必要である。たとえば、人的役務提供事業の対価については、日本が締結する多くの租税条約において、対価の支払いを受ける法人がPEを通じて事業を行う者でない限り、当該法人の所在地国にのみ課税権が認

---

20) 後記のとおり、人的役務提供事業の対価については、通常租税条約において、（PEのない限り）対価の支払いを受ける法人の所在地国においてのみ課税権を認めているため、最終的には源泉徴収は不要となる可能性が高いと考えられる。なお、そもそも上記が人的役務提供事業等に該当するのかという点も検討が必要となる（日本の所得税法上は人的役務提供事業に該当しない可能性も存在するが、役務提供に係る各国租税法の規定は多様であるため、留意が必要である）。

21) いわゆる工業ノウハウは、源泉徴収の対象となる工業所有権等の使用料に含まれるとされている（所基通161-34）。

22) たとえば、東京地判令和2・6・19判例集未登載は、プログラムの開発業務支援を内容とする業務について、関連する事情を考慮した上で、「システムエンジニアの有する科学技術に関する専門的知識等を活用して電子計算プログラムを開発するための業務支援を内容とするものであって、当該システムエンジニアを原告の事務所に常駐させるなどして当該知識を活用して行う役務を提供することをその主たる内容に含むものというべき」として、当該業務に係る報酬を人的役務提供事業の対価に該当すると判断している。

められることとされている（日米租税条約 7 条 1 等）。しかしながら、インド法人との間で人的役務の提供に係る取引を行う場合、日印租税条約において、技術上の役務に対する料金の所得源泉地につきいわゆる債務者主義が採用されており、支払者が日本の居住者または内国法人である場合には、役務提供の場所がどこであるかを問わず、支払われる対価は日本の国内源泉所得として扱われる（日印租税条約 12 条 2）。したがって、この場合、源泉徴収の範囲が国内税法の規定よりも拡大する可能性があることになる。

　法務担当者としては、以上のとおり、役務提供契約については源泉徴収の要否についてより複雑な検討が必要となる可能性がある点に十分に留意した上で、契約書の作成等を行う必要がある。その他具体的な留意点等については、前記 **2** (2)において述べたところと概ね同様である。

(3)　消費税

　役務提供取引も、資産の譲渡等に該当し、消費税の課税対象となることが原則である。役務提供に係る消費税の内外判定は、原則として役務の提供が行われた場所により行われる（消費税法 4 条 3 項 2 号）。その他具体的な留意点等については、前記 **2** (3)において述べたところと概ね同様である。

　役務提供契約の場合に特に留意が必要となるのが、「電気通信利用役務の提供」である。「電気通信利用役務の提供」とは、電気通信回線（インターネット等）を介して国内の事業者・消費者に対して行われる役務の提供をいい（同法 2 条 1 項 8 号の 3）、たとえば、電子書籍や音楽の配信サービス、インターネット広告の配信サービス、クラウドサービス等がこれに該当する。この場合、当該役務提供が国内・国外のいずれにおいて行われるかではなく、役務提供を受ける者の所在地により内外判定がなされる（同法 4 条 3 項 3 号）。また、「事業者向け電気通信利用役務の提供」[23] に該当する場合には、役務の提供者である国外事業者ではな

23）国外事業者が行う電気通信利用役務の提供のうち、当該役務の提供を受ける者が通常事業者に限られるものをいう（消費税法 2 条 1 項 8 号の 4）。たとえば、インターネット上での広告配信サービスなどがある。

く、役務の提供を受けた国内事業者において申告納税を行うこととされ
ている（リバース・チャージ方式）。

「電気通信利用役務の提供」や「事業者向け電気通信利用役務の提供」
への該当性は、契約書上の記載を含む役務の法的性質や取引条件等に基
づき判定される[24]。したがって、国外事業者との間でインターネット
等を利用した役務提供契約を締結する場合には、かかる観点からの検討
が併せて必要となる点に留意が必要である。

⑷　その他

役務提供契約に関して問題となるその他の課税関係として、印紙税が
挙げられる。これらについての課税関係の概要および留意点について
は、第2章（取引法務に関連する各種租税等と実務上の留意点）**2**を参照
されたい。

4　おわりに

本章では、売買契約および役務提供契約に関する税務上の取扱いと法
務的観点からの留意点について説明した。契約実務上、これらの契約に
おいて税務関連条項が詳細に設けられるケースは稀であるものの、法務
担当者としては、課税関係の全体像を把握した上で、契約の不備により
予期せぬ課税上のリスクが生じることがないよう、慎重に検討を行うこ
とが望ましい。

---

24) たとえば、インターネットを利用した役務提供であっても、他社間の情報伝達を単に媒
　介するもの（いわゆる通信）や、その行為が他の資産の譲渡等に付随して行われるもの
　（例：ソフトウェアの制作等においてインターネット等が利用される場合）は電気通信利
　用役務の提供に該当しない（消費税法2条1項8号の3）。

第７章

ライセンス契約

1　はじめに

　昨今のデジタル技術の進歩・普及は目覚ましく、業態を問わず、さまざまな日本企業において、デジタル技術を利用したビジネスモデル等の抜本的な改革が志向されており、また、直近の新型コロナウイルス（COVID-19）の影響によりデジタル技術の利用に拍車が掛かっていることは、周知のとおりである。そのため、外国企業が開発・保有するデジタル技術を日本企業が導入する事例は増加しており、今後もその傾向は続くものと予想される。

　かかる傾向の下では、外国企業をライセンサー、日本企業をライセンシーとするライセンス契約を、法務担当者が確認する機会も増加すると思われるが、これらの契約に係る支払金額は多額となる事例も多く、故に、日本における課税の有無が当事者に大きな影響を与える事例も多い。したがって、予期せぬ課税関係が生じ、契約の相手方との紛争が生じることを防止するため、ライセンス契約をドラフト・締結する段階において、取引を実行した際に生じる課税関係を十分に理解することが重要であると考えられる。

　そこで、本章においては、ライセンス契約に関する基礎的な課税関係

および法務担当者が契約書作成等において留意すべき事項について概説する。

　なお、本章においては、紙幅の関係上、課税関係が問題となることの多い、外国企業をライセンサー、日本企業をライセンシーとする当該外国企業が保有する著作権に関連するライセンス契約（たとえば、ソフトウェアに関するライセンス契約）のみを対象とする。

2　問題となる課税関係の概要[1)]

　まずは、外国企業をライセンサー、日本企業をライセンシーとする取引において、いかなる課税関係が問題となるかを概観する。

図

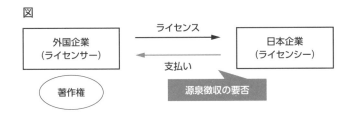

　この点、**図**に示した事例において、外国企業（ライセンサー）は日本国内における取引から利益を稼得しているところ、同企業が日本国内に支店等の事業拠点を有していない場合には、同企業による自主的な申告・納税を期待できない場合も多い。そこで、日本の税法は、安定した徴税の観点から、そのような事業拠点を有していない外国企業がライセンス取引を行った場合には、（外国企業に代わり）対価を支払う日本企業（ライセンシー）に対して、その対価に一定の割合を乗じて得られる金額を徴収（＝源泉徴収）・納税する義務を課し、当該源泉徴収をもって日本における課税関係を終了させる建付けを採用している。

　それ故、外国企業（ライセンサー）が日本企業（ライセンシー）から対

----

1) 紙幅の関係上、消費税については割愛する。

価の支払いを受ける際には、日本における源泉徴収の要否が、取引全体の税効率や当事者間の税負担[2]に大きく影響するため、取引当事者にとって大きな関心事となる。そこで、**3**以降において、かかる源泉徴収の要否を判断する基準について概説する。

3　国内税法の建付けの概要

日本の国内税法においては、次に掲げるものが源泉徴収の対象となる旨規定されている（所得税法161条1項11号ロ）。

> 「国内において業務を行う者から受ける次に掲げる使用料又は対価で当該業務に係るもの
>
> ロ　著作権（出版権及び著作隣接権その他これに準ずるものを含む。）の使用料又はその譲渡による対価」

外国企業が日本企業からライセンス料（対価）を受領する取引の場合、特に問題となる点は、かかるライセンス料（対価）が上記の「著作権……の使用料」に該当するか否かである。

この点、日本の税法においては、「著作権……の使用料」について何らの定義規定も設けられておらず、解釈に委ねられている。

---

2) ライセンス料の支払いの際に源泉徴収を要する場合には、いずれの当事者が税に係る経済的負担をすべきかという点で、ライセンス契約におけるグロスアップ条項の要否や当該条項の有無に留意する必要がある。グロスアップ条項とは、源泉徴収等が行われなかったとすれば売主が得られたであろう金額を支払う（すなわち、手取額を合意された譲渡対価の額とする）条項であり、この場合、源泉徴収税額は支払者（買主）が負担することとなる。

4 「著作権……の使用料」の意義

⑴ 著作権法と同義に解釈されること

　一般に、租税法が他の法分野で用いられている概念を借用している場合、「別異に解すべきことが租税法規の明文またはその趣旨から明らかな場合は別として、それを私法上におけると同じ意義に解するのが、法的安定性の見地からは好ましい」と解されている[3]。

　前述の所得税法 161 条 1 項 11 号ロ所定の「著作権……の使用料」についても例外ではなく、法的安定性の観点から、日本の著作権法上の「著作物の利用」（同法 63 条 1 項）と同義に解するべきであり、この点については、課税実務[4] や裁判例[5] 等においても異論がない。

⑵ 著作権法上の「著作物の利用」

　そこで、著作権法 63 条 1 項所定の「著作物の利用」の意義が問題となるが、この点については、次のように解されている[6]。

　「財産権である著作権……の内容となっている行為、すなわち、複製……、上演・演奏……、上映……、公衆送信・送信可能化……、口述……、頒布……、譲渡、貸与……、翻訳・編曲・変形・脚色・映画化・翻案をいう」

---

3) 金子宏『租税法〔第 24 版〕』（弘文堂、2021）127 頁。
4) 所得税基本通達 161-35 において、所得税法 161 条 1 項 11 号ロの著作権の使用料は、「著作物（著作権法第 2 条第 1 項第 1 号《定義》に規定する著作物をいう。以下この項において同じ。）の複製、上演、演奏、放送、展示、上映、翻訳、編曲、脚色、映画化その他著作物の利用又は出版権の設定につき支払を受ける対価の一切をいう」と規定されている。
5) たとえば、最一判平成 15・2・27 税務訴訟資料 253 号 9294 順号参照。
6) 半田正夫＝松田政行編『著作権法コンメンタール 2〔第 2 版〕』（勁草書房、2015）774 頁。

　すなわち、著作物（思想または感情を創作的に表現したものであって、文芸、学術、美術または音楽の範囲に属するもの。著作権法 2 条 1 項 1 号）の利用一般が対象となるのではなく、著作権に含まれる権利の種類として著作権法 21 条以下にて限定列挙されている権利の対象となる利用形態（複製等）のみが、上記の「著作物の利用」に含まれる。

　たとえば、書籍を閲覧することは、一般的な用語に従えば、著作物である書籍の利用に該当するが、そのような利用形態一般を著作権の対象とした場合（すなわち、著作者による差止請求等の対象にした場合）、社会経済活動が著しく制限される等の問題が生じるため、一定の利用形態のみが著作権の対象とされている。

　なお、著作権法 21 条以下にて限定列挙されている利用形態に形式的に該当する場合であっても、著作者保護の必要性が低い等の理由から、一定の要件を満たす場合（たとえば、私的使用のための複製。同法 30 条）には著作権は及ばないとされているところ、このように著作権が制限される場合の著作物の利用は、上記の「著作物の利用」には該当しない点に留意が必要である。

(3)　著作権法を踏まえた税法解釈と契約書作成の際の留意点

　前記(1)および(2)の内容を踏まえると、前記 **2** の図に示した外国企業から日本企業へのライセンス取引に伴い源泉徴収が必要となる場合は、当該日本企業において、著作権法 21 条以下にて限定列挙されている利用形態（複製等）による「著作物の利用」が存在し、その対価である「著作権……の使用料」（所得税法 161 条 1 項 11 号ロ）が支払われる場合である、ということになる。

　したがって、ライセンス契約をドラフト・締結する段階においてまず確認すべき事項は、ライセンシーである日本企業において著作権法 21 条以下にて限定列挙されている利用形態（複製等）による「著作物の利用」が存在するか否かであり、この点は、日本の著作権法の解釈・適用の問題であるため、法務担当者において取り組むべき事項であると思われる。なお、前記(2)にて述べたとおり、当該利用形態に形式的に該当する場合であっても、著作権法 30 条以下にて規定される著作権が制限さ

れる場合に該当するか否かの検証が必要な点にも留意が必要である。

　続けて、上記の検証の結果、ライセンシーである日本企業における
「著作物の利用」が存しないと判断される場合には、この点をライセン
ス契約において明確にすることが重要となる。すなわち、そのような場
合、外国企業から日本企業に対して著作権法上の「著作物の利用」には
該当しない態様での著作物の利用が許諾（ライセンス）されていること
が通常であると思われるが、かかる利用の許諾のみを契約書に記載した
場合、特に事後的に課税当局による調査の対象となった際に、「著作物
の利用」が存するか否かが契約書上判然とせず、不要な争いを生じさせ
る事態となりかねない。したがって、課税当局に不要な疑念を抱かれる
ことを防ぐためには、そもそも契約のタイトルについてライセンス契約
ではなく、（法的整理や実態に合った）サービス契約等とすることや、当
該契約において、日本の著作権法 21 条以下にて限定列挙されている利
用形態（複製等）による利用は許諾されていない旨を（日本の著作権法を
引用した上で）明記することが有効な対策となる。

⑷　「著作物」への該当性

　なお、昨今のデジタル技術の進歩・普及に伴い、ライセンス契約の対
象となるものも著しく多様化しており、たとえば、外国企業が日本企業
に対していわゆるAIを利用したサービスを提供する（当該AIを利用して
得られた情報等の利用を許諾する）事例も存する。

　この点、前記⑴〜⑶の内容を踏まえると、そもそも、著作権法上の
「著作物」（思想または感情を創作的に表現したものであって、文芸、学術、
美術または音楽の範囲に属するもの。著作権法 2 条 1 項 1 号）に該当しな
いものの利用は「著作物の利用」に該当せず、故に、所得税法 161 条
1 項 11 号ロ所定の「著作権……の使用料」に該当することを理由とす
る源泉徴収は不要ということになる。

　然るところ、典型的な「著作物」（たとえば、ソフトウェア。著作権法
10 条 1 項 9 号参照）以外のものを対象とするライセンス契約をドラフ
ト・締結する段階においては、かかる対象物が「著作物」に該当しない
こともあり得るため、法務担当者においては、この点についても著作権

法の観点から検証した上で、「著作物」に該当しない場合には、その旨を（日本の著作権法を引用した上で）契約書上明記することが、将来の課税当局との不要な紛争防止の観点から重要である。たとえば、AIを利用して出力された情報の「著作物」性については、人間のみならずAIが情報生成に寄与しているとの特殊性を踏まえ、「〔注：人間の〕思想又は感情を創作的に表現したもの」である「著作物」に該当するか否かは、ケースバイケースであるとされている[7]。

　なお、所得税法161条1項11号ロ所定の「著作権……の使用料」に該当することを理由とする源泉徴収が不要な場合であっても、いわゆるノウハウの使用料（同号イ所定の「工業所有権その他の技術に関する権利、特別の技術による生産方式若しくはこれらに準ずるものの使用料」および所得税基本通達161-34）に該当することを理由として源泉徴収が必要な場合がある点には留意が必要である。この点、ノウハウの意義については、税法および私法のいずれにおいても定義規定が存在せず、純粋な税法解釈の問題となるが、その内容については不明確な部分が多いため、法務担当者においては、取引金額の重要性や取引内容に応じて、税務担当者ないし税務の外部専門家に確認することが重要となる。

5　租税条約の適用

　前記 **3〜4** においては、ライセンス契約への国内税法および同法が参照する著作権法の解釈・適用について概説したが、前記 **2** の図に示した外国企業から日本企業へのライセンス取引のような国境を跨ぐ取引については、租税に特有の問題として、租税条約が適用される場合も多く、（適用される場合には）租税条約の規定が国内税法の規定に優先することになる（憲法98条2項、所得税法162条参照）。

---

7) 内閣府知的財産戦略推進事務局に設置された新たな情報財検討委員会における報告書「データ・人工知能（AI）の利活用促進による産業競争力強化の基盤となる知財システムの構築に向けて」（平成29年3月）参照。

　この点、法務担当者において、租税条約の内容の詳細を把握することまでは必須ではないが、税務担当者ないし外部の税務専門家との円滑な協力等の観点から、租税条約の適用により生じる代表的な効果として、以下の2点を把握しておくことは有用であると思われる。

　①　一定の要件を満たす場合には、「使用料」に対する日本の課税権が制限され、国内税法の解釈・適用結果にかかわらず、日本企業による源泉徴収は不要となる（代表的なものとして、日米租税条約12条1項）。

　②　租税条約上、「使用料」に対する日本における源泉徴収の余地が残されている場合であっても、国内税法上の「使用料」に比して、租税条約上の「使用料」の意義が狭義である結果、日本企業による源泉徴収は不要となる。

　すなわち、上記①に記載した効果により免税となる場合には、そもそも、前記**3～4**に記載した国内税法および著作権法の解釈・適用の検証すら不要となるため、法務担当者においては、作業の効率化の観点から、まず初めに、問題となっているライセンス取引が租税条約の適用により免税となる取引であるか否かを、税務担当者ないし外部の税務専門家に確認することも考えられる。

　また、上記②に記載した効果が存するため、仮に上記①の免税の効果は得られず、また、前記**3～4**に記載した国内税法および著作権法の解釈・適用の観点からは源泉徴収が必要な場合であっても、租税条約上の「使用料」に該当しない等の理由によりかかる源泉徴収が不要となる余地がないかを、税務担当者ないし外部の税務専門家に確認した上で、その確認結果をライセンス契約に反映することも重要である。たとえば、日本企業による著作物の複製等が行われる場合であっても、租税条約との関係においては、純粋な自己使用目的での著作物の取得取引である限り、「使用料」には該当しないと判断される可能性が十分に存するところ（OECDモデル租税条約12条に係るコメンタリー参照）、かかる判断に依拠する場合には、ライセンス契約において純粋な自己使用目的での著作物の取得である旨を明記することが重要となろう。

6　おわりに

　本章では、ライセンス契約に関する税務上の取扱いと法務的観点から
の留意点について概説した。租税条約の適用等については、税務担当者
ないし外部の税務専門家への確認が必要となるものの、著作権法の解
釈・適用により課税関係が定まる場面も存するため、法務担当者として
は、課税関係の全体像を把握した上で、契約の不備により予期せぬ課税
上のリスクが生じることがないよう、慎重に検討を行うことが望まし
い。

◇◇◇◇◇◇◇◇◇◇◇◇◇◇◇◇◇◇◇◇◇◇◇◇◇◇◇◇◇◇◇◇◇◇◇◇◇◇

第 8 章

ローン契約

◇◇◇

1 はじめに

　企業は、事業規模の拡大や事業内容の高度化を図る等の目的のため、ローン契約を締結し、資金を調達している。また、グループ会社の資金需要に応じた貸付けや投資の一環として、資金拠出者の立場でローン契約を締結する場合もある。このように企業活動のさまざまな場面でローン契約が締結されており、ローン契約の締結に関与した経験を有する法務担当者も多いと思われる。

　ローン契約は、民法上は金銭の消費貸借契約（同法 587 条）と整理され、その根幹部分は「お金の貸し借り」であり、比較的シンプルなものである。しかしながら、ローン契約に関連する税制は多岐にわたる。すなわち、ローン契約の締結や利子の授受に関連する課税関係（後記 **2**）に加え、ローン債権の回収が困難になった局面における課税関係（後記 **3**）やローン契約に関連して課税上の弊害を防止するための税制（後記 **4**）も存在している。そのため、法務担当者としても、予期せぬ課税が生じることのないよう、留意すべき事項は多い。

　本章では、ローン契約に関する課税関係・税制および法務担当者が契約書作成等において留意すべき事項について概説する[1]。

2　ローン契約の締結や利子の授受に関連する課税関係

⑴　法人税

　ローン契約に基づく元本の授受および返済自体については、金銭消費貸借としての実体を伴う取引である限り、特段課税関係が生じない。一方、利子の支払いおよび受領については以下の課税関係が生じる。

〈貸付人の課税関係〉
　ローンに係る利子は、その受領者である貸付人において、益金に算入される（法人税法22条2項）。なお、益金算入のタイミングについては、実際の利子の支払期日にかかわらず、利子の計算期間の経過に応じて、ある事業年度に属する計算期間に対応する利子の額を当該事業年度において益金に算入する[2]（いわゆる発生主義）（法人税基本通達2-1-24[3]）。

〈借入人の課税関係〉
　ローンに係る利子は、その支払者である借入人において、損金に算入される（法人税法22条3項2号）（ただし、後記4記載の各税制により、損金算入に制限がかかる場合がある点には留意されたい）。なお、損金算入のタイミングについては、貸付人に係る益金算入のタイミング同様、発生主義がとられている[4]。

---

1) 紙面の関係上、法人間のローン契約のみを念頭に置き、個人に係る課税関係については触れない。
2) たとえば、ある法人が事業年度の初日に100万円を年利5%（単利）で2年間貸し付けた場合、仮に利子の支払期日が元本の返済期日と同日（2年後）であっても、1年目と2年目の事業年度それぞれにおいて、5万円（100万円×5%）ずつを益金に算入することとなる。
3) ただし、同通達上は、貸付人が主として金融および保険業を営む法人以外の法人であり、かつ、支払期日が1年以内の一定の期間ごとに到来する利子について、継続して当該支払期日の属する事業年度の益金の額に算入している場合には、かかるタイミングでの益金算入が認められている。

(2)　源泉所得税（源泉徴収制度）

　源泉徴収制度とは、一定の物の譲渡や役務提供の対価の支払い等を行う場合に、支払者において、当該支払金額から一定額を控除した上で、課税当局に対して当該金額（源泉所得税）の納税を行うものである[5]。

　国内の当事者同士のローン契約に基づく利子の支払いに関しては、源泉徴収が問題になることはない[6]が、クロスボーダーでのローン契約に基づく利子の支払いに関しては、以下のとおり源泉徴収が問題となる。なお、国際的二重課税を防止するため、源泉徴収が行われた金額を受領者の居住地国における税額から控除する制度（外国税額控除）が多くの国で設けられている（法人税法 69 条）。

〈内国法人が外国法人に対して利子を支払う場合〉
　内国法人は外国法人に対して支払う利子について、20.24％の税率で源泉徴収を行う必要がある[7]。もっとも、租税条約が適用される場合、その内容に応じて、源泉徴収が減免される場合がある[8]。また、外国

---

4) ただし、法人税基本通達 2-2-14 においては、利子を前払いする場合、当該利子が支払日から 1 年以内の期間に対応するものであって、借入人が継続して支払額を支払日が属する事業年度の損金に算入している場合には、かかるタイミングでの損金算入が認められている。

5) 源泉徴収制度については、第 2 章（取引法務に関連する各種租税等と実務上の留意点）**2** (2)も参照されたい。

6) たとえば、内国法人が他の内国法人に支払う利子のうち、源泉徴収の対象となるものは、預貯金の利子等に限定されており（所得税法 5 条 3 項、6 条、7 条 1 項 4 号、23 条 1 項、174 条 1 号、212 条 3 項、租税特別措置法 3 条の 3 第 2 項・3 項、6 条 1 項・2 項）、ローン契約に基づく利子はこれに含まれていない。

7) 外国法人は、国内の PE（恒久的施設）の有無にかかわらず、国内において業務を行う者に対するその国内業務に係る貸付金の利子について、国内源泉所得として日本の所得税および復興特別所得税の納税義務を負い（所得税法 5 条 4 項、161 条 1 項 10 号、178 条等）、その支払者である内国法人が源泉徴収を行う（同法 6 条、212 条 1 項、213 条 1 項 1 号）。国内の PE（恒久的施設）を有していない場合、日本との関係では、かかる源泉徴収のみで課税関係が終了する（法人税法 141 条 2 号参照）。

8) たとえば、日米租税条約においては、2019 年 8 月 30 日に発行した改正議定書後は、ローン契約に基づく利子は、原則として免税され、利子が借入人の利益等に連動している場合にのみ源泉徴収税率が 10％に軽減される（日米租税条約 11 条 1 項・2 項(a)・4 項）（なお、同改正前は、原則として源泉徴収税率が 10％に軽減され、金融機関等が受領するもののみが免税されていた（改正前の日米租税条約 11 条 2 項・3 項・5 項））。

> 法人が国内にPE（恒久的施設）を有している場合、源泉徴収免除制度
> の適用を受けることができる場合がある[9]。

〈外国法人が内国法人に対して利子を支払う場合〉
外国法人が支払う利子に関して、当該外国法人が所在する国の法令
（および適用される租税条約）上、源泉徴収が行われるか否かを別途検
討する必要がある。

　上記のとおり、クロスボーダー取引における利子の授受に関しては、
源泉徴収の有無や金額が問題となるため、法務担当者としては、まず
は、経理・財務等の担当者と連携しつつ、この点を確認する必要があ
る。仮に源泉徴収が必要となる場合、源泉徴収税額の取扱いに関する規
定（グロスアップ条項等）等の要否・内容を検討する必要がある[10]。

⑶　消費税

　国内において事業者が「資産の譲渡等」（事業として対価を得て行う資
産の譲渡、資産の貸付けおよび役務の提供）を行う場合、原則として消費
税の課税対象となる（消費税法2条1項8号、4条1項）。もっとも、事
業として有利子貸付けを行うことは、この「資産の譲渡等」に該当する
ものの、その性質上消費税になじまないことから、消費税が課されない
（非課税取引）（同法6条1項、別表第一第三号、同法施行令10条1項）。
　一方、上記のとおり、「資産の譲渡等」が課税対象となるのは、国内
取引に限定されており、国外取引であれば、そもそも消費税の課税対象
とならない（不課税取引）。
　非課税取引と不課税取引のいずれであるか（有利子貸付けに関して言え

---

9) 政令所定の要件を満たす場合、日本の税務署から証明書の交付を受け、当該証明書を支
払者（内国法人）に提示することで、源泉徴収が免除される（所得税法180条、212条
1項第2括弧書き、同法施行令304条、305条）。
10) 源泉徴収が必要となる場合の契約書上の手当てについては、第6章（売買契約・役務提
供契約）**2**⑵を参照されたい。

86

ば、国内取引と国外取引のいずれであるか）によって、消費税が課されないという結論は変わらないが、仕入税額控除に関して重要な役割を果たす課税売上割合の計算上の取扱いが異なる[11]ため、国内取引と国外取引のいずれであるか（内外判定）が重要なポイントとなる。この内外判定は、貸付けを行う者の当該貸付けに係る事務所等の所在地が国内にあるかどうかにより行われる（消費税法4条3項1号、同法施行令6条3項）。

　したがって、法務担当者としては、契約書において消費税の取扱い（消費税の経済的負担者）に関する規定を設ける等の必要はないものの、クロスボーダー取引においては、どのような形で貸付けが行われるのか（外国法人が国内の事務所等を通じて貸付けを行うのか否か）という点に注意を向ける必要がある。

(4)　印紙税

ア　ローン契約の種類に応じた税額

　「消費貸借に関する契約書」は、印紙税法上の課税文書に該当するため（印紙税法2条、3条1項、別表第一第一号「物件名」の欄3）[12]、ローン契約書には印紙税が課され、通常、契約書に印紙をはり付ける方法（同法8条）により納付される。

　もっとも、印紙税の額については、以下のとおり、ローン契約の種類によってその計算方法が異なる。

> 〈タームローン〉
> 　借入金額、利子、借入期間等が契約上確定しているローンは、タームローンと呼ばれる。このタームローンは、借入金額が確定していることから、これに係る契約書は「契約金額の記載のある契約書」に該当し、「契約金額」（借入金額）の多寡に応じて印紙税の額が定まる（印紙税法別表第一第一号「課税標準及び税率」の欄1）。

11）詳細は省略するが、非課税取引に該当する場合の方が、不課税取引に該当する場合よりも課税売上割合が低くなり、その結果、仕入税額控除の額が小さくなる。

12）ただし、1万円未満の契約金額が記載されている契約書であれば、課税文書に該当せず、印紙税は課されない（印紙税法5条1項、別表第一第一号「非課税物件」の欄）。

〈コミットメントライン[13]〉

　コミットメントラインとは、一定の貸付枠（極度額）範囲内で借入人が借入れを行うことができるような契約のことである。一旦借入れを実行して極度額が縮小したとしても、返済額に応じて極度額が復活するとされていることがあり、この場合、極度額の範囲内で何度でも借入れおよび返済が行われ得る。

　上記極度額は、実際に行われる借入れの金額そのものではないため、コミットメントラインに係る基本契約書については、「契約金額の記載のない契約書」に該当し、これに係る印紙税の額は、極度額や実行された借入金額にかかわらず、一律に 200 円となる（印紙税法別表第一第一号「課税標準及び税率」の欄2）。ただし、基本契約に基づく個別借入れの申込書については、(i)申込書の文面上基本契約に基づくものであることが記載され、かつ、(ii)借入人の申込みにより自動的に当該申込みに係る契約（個別契約）が成立することとなっているものは、印紙税法上の「契約書」に該当し（印紙税法基本通達 21 条 2 項 1 号）、申込金額を「契約金額」として、タームローン同様、その多寡に応じた印紙税が課される。

　したがって、法務担当者としては、(a)いずれの種類に該当するかという点に加え、(b)コミットメントラインに係る個別借入れの申込書については、（一定の前提条件が充足される限り）借入人の意思表示により個別の消費貸借が成立する建付けとなっているか（＝借入人が（条件付き）予約完結権を有するものか）という点について、法的観点から分析する必要が生じる場合がある。

イ　電磁的記録により契約を締結する場合

　印紙税の課税対象は「文書」であり、これを「作成した」場合に納税義務が生じることとされているため（印紙税法 2 条、3 条）、契約書が作成されず、ローン契約が電磁的記録により締結される場合（たとえば、

13）コミットメントラインに係る印紙税については、国税庁が公表する「コミットメントライン契約に関して作成する文書に対する印紙税の取扱い」（https://www.nta.go.jp/law/joho-zeikaishaku/inshi/5111/01.htm）も参照。

契約内容を記載したPDFファイルをメールで授受する場合）には、印紙税は課されない[14]。

　法務担当者としては、電磁的記録によりローン契約を締結する[15]際には、印紙税が課されないことを含めたメリットとデメリット[16]を適切に比較検討することが重要である。

3　ローン債権の回収困難時における課税関係

　借入人（債務者）の資力の悪化によりローン債権（金銭債権）の全額または一部の回収が困難になった場合、債務整理や債権回収業者等への債権譲渡が行われることがある。かかる場面に直面した経験を有する法務担当者も少なからず存在すると思われるが、貸付人（債権者）の立場からすると、税務上は、回収困難となった金額についての損金算入が認められるか否かという点が重要なポイントとなる。回収困難となった部分は、法人税法22条3項3号所定の「損失の額」として損金算入が認められるようにも思われるが、法人税法上、「別段の定め」として、こ

---

14) たとえば、第162回国会（常会）における内閣総理大臣名義の2005年3月15日付答弁書「五について」では、「文書課税である印紙税においては、電磁的記録により作成されたものについて課税されないこととなる」とされ（https://www.sangiin.go.jp/japanese/joho1/kousei/syuisyo/162/touh/t162009.htm）、また、国税庁が公表する「請負契約に係る注文請書を電磁的記録に変換して電子メールで送信した場合の印紙税の課税関係について」（https://www.nta.go.jp/about/organization/fukuoka/bunshokaito/inshi_sonota/081024/01.htm）の別紙1-3では、注文請書を電磁的記録に変換した媒体を電子メールまたはファクシミリ通信により送信する場合、注文請書の調製行為を行ったとしても注文請書の現物の交付がされないのであれば、課税文書を作成したことにはならないため印紙税の課税原因は発生しないとされている。

15) なお、前記ア記載のコミットメントラインについては、印紙税の取扱いを踏まえ、基本契約は契約書を作成する一方、個別借入れの申込みはPDFファイルのメールによる授受等を行うにとどめるというアレンジも考えられる。

16) かかるデメリットを検討するに際しては、(a)紛争が発生する可能性（当事者の属性や関係性等が影響し得る）、(b)紛争が発生した場合の契約成立の立証可能性（成立の真正性に係る推定の有無、電磁的記録自体の証拠力、他の証拠の有無等が影響し得る）、および、(c)契約成立が否定された場合のインパクト（金額、当事者の立場（貸付人か借入人か）等が影響し得る）といった点が考慮要素になると考えられる。

れを制限する規定が存在する。

　以下では、損金算入の可否を中心に、金銭債権の回収困難時における課税関係の概要と法務担当者としての留意点を説明する[17]。

(1)　評価損の計上

　まず、回収困難となった金額に応じて、金銭債権の評価替えによる評価損の損金算入の可否が問題となる。しかしながら、法人税法上、原則として、資産の評価替えによりその帳簿価格を減額しても、その評価損は損金の額に算入されず（同法 33 条 1 項）、したがって、譲渡損益課税の計算等に関して当該資産の帳簿価額は減額されなかったものとみなされる（同条 6 項）。もっとも、金銭債権については、会社更生法上の更生計画認可の決定や民事再生法上の再生計画認可決定等があったことにより、評価替えをして帳簿価額を減額した場合には、当該減額分の金額について、損金算入が認められる（同条 3 項・4 項）[18]。

　したがって、法務担当者としては、借入人について上記のような法的手続が開始された場合には、経理・財務等の担当者と連携しつつ、その帰趨を注視しておく必要がある。

(2)　貸倒損失の計上

　また、金銭債権が回収困難となった場合、債権の貸倒れに伴う貸倒損失を法人税法 22 条 3 項 3 号所定の「損失の額」として損金算入できるか否かも問題となる。かかる損金算入の可否の判断基準に関して、最高

---

17) なお、金銭債権の回収困難性が現実的な問題になるよりも前の段階におけるものとして、貸倒損失の見込額を引当金として損金算入する貸倒引当金の制度（法人税法 52 条）も存在するが、その利用が認められる法人は、中小法人や銀行・保険会社等に限定されている。

18) なお、一定の資産については、物損等の事実または法的整理の事実により資産の時価が帳簿価額を下回ることとなった場合にも評価損の損金算入が認められる場合があるが（法人税法 33 条 2 項、同法施行令 68 条 1 項）、金銭債権におけるこの類型については、企業会計上の処理と同様、前掲注 17）記載の貸倒引当金の定めに従って損金算入される（財務省「平成 21 年度　税制改正の解説」207 頁参照）。また、法人税基本通達 9-1-3 の 2 においても、金銭債権は法人税法 33 条 2 項の評価替えの対象にならないと明記されている。

裁[19] は、(i)金銭債権の全額が回収不能であることが客観的に明らかで
なければならず、(ii)その判断は、債務者側の事情（資産状況・支払能力
等）のほか、債権者側の事情（回収労力・債権額と取引費用との比較考量、
回収の強行により生じる他の債権者とのあつれき等による経営的損失等）や
経済環境等も踏まえて社会通念に従って総合的に行う必要がある旨を判
示している（ただし、課税実務上は、第一義的には債務者側の事情により回
収不能か否かを判断することとされている（法人税基本通達 9-6-2 参照））。

　上記判断は相応に複雑なものとなり得るため、貸倒損失の計上の可否
が問題となる場面では、法務担当者としては、経理・財務等の担当者と
連携しつつ、外部の租税専門家に意見を求めることも考えられる。

　なお、法人税基本通達 9-6-1 では、金銭債権が消滅した場合のうち
一定の場合[20] にも貸倒損失の計上が認められている。ただし、全額の
回収不能であることが明らかでない場合や同通達の要件を満たさない債
務免除が行われた場合には、原則として貸倒損失とは認められず、か
つ、当該免除相当額について寄附金として損金算入制限を受ける可能性
がある（法人税法 37 条）点に留意する必要がある。また、経営不振に
陥ったグループ会社に対する債務免除（債権放棄）については、一定の
要件の下で損金算入が認められる可能性がある（同通達 9-4-1、9-4-2 参
照）が、その検討は慎重になされるべきである[21]。

(3)　債権譲渡による譲渡損の計上

　債権回収の一環として債権回収業者等への債権譲渡が行われる場合に
は、原則として、譲渡損益課税と同様の課税関係となる。すなわち、譲

19）最二判平成 16・12・24 民集 58 巻 9 号 2637 頁〔確定〕（興銀事件）。
20）具体的には、①再生計画認可の決定等により金銭債権が切り捨てられる場合や②債務免
　除が行われた場合（ただし、債務超過状態が相当期間継続し、弁済を受けることが認め
　られないときに債務免除額が書面で明らかにされたものに限る）である。なお、②の債
　務免除に関しては、一部の免除をした場合の免除額を貸倒損失に計上することも認めら
　れる可能性がある（髙橋正朗編著『法人税基本通達逐条解説〔10 訂版〕』（税務研究会出
　版局、2021）1070 頁参照）。
21）これらの点については、第 5 章（グループ内取引に関する税務上の留意点）**2 (1)**アも参
　照されたい。

渡時における金銭債権の適正な価額（通常であれば譲渡対価）が益金に算入され（法人税法 22 条 2 項）、金銭債権の元本金額が「原価」として損金に算入される（同条 3 項 1 号）。たとえば、元本額 10 億円の金銭債権について、債務者の資力の悪化によりその時価が 7 億円と評価される場合であれば、かかる金銭債権の譲渡により、3 億円の譲渡損が計上されることとなる。

　前記(2)記載のとおり、貸倒損失の計上に関しては、「金銭債権の全額が回収不能であること」が要求されているのに対し、債権譲渡を行った場合には、債権者における（部分的）損失が確定するという違いがある[22]。

　したがって、法務担当者としては、債権回収のための債権譲渡を行うか否かを判断する場合、前記(2)のように債権を保有し続ける場合（貸倒損失の計上）との相違点も意識しておくことが望ましいと考えられる。

4　課税上の弊害を防止するための税制

　国内の当事者同士のローン契約であっても、両当事者で税率等の税法上の属性が異なるときは、利子の授受を通じた所得移転により、課税上の弊害が生じる可能性がある。また、クロスボーダー取引については、

---

22) なお、債務超過状態にあった子会社に対して貸付債権を有していた親会社が、(i)子会社に増資を行い、(ii)その払込金により子会社から貸付債権の弁済を受け、(iii)増資により引き受けた子会社株式を払込金額（＝親会社における子会社株式の取得価額）よりも低い価額で譲渡することにより有価証券売却損を計上したという事例において、かかる売却損の計上を否定した判例がある。いずれも額面株式の制度が存在した時期のものであるが、1 つは、法人税法 132 条所定の同族会社に係る一般的行為計算否認規定（後記 **4** (5)参照）を適用し、払込金額（＝親会社における子会社株式の取得価額）を現実の価格より低い金額（＝額面金額）に引き直したもの（東京高判平成 13・7・5 税務訴訟資料 251 号順号 8942〔確定〕（スリーエス事件））であり、もう 1 つは、額面金額を超える部分について法人税法 37 条所定の寄附金（第 5 章（グループ内取引に関する税務上の留意点）**2** (1)ア参照）に該当するとして、当該寄附金部分は（損金算入が制限されると共に）払込金額（＝親会社における子会社株式の取得価額）を構成しないとしたもの（最三決平成 14・10・15 税務訴訟資料 252 号順号 9213〔確定〕（相互タクシー事件））である。

国際的な所得移転により日本の課税権が（不当に）侵害される場合がある。

　日本の税法上、このような課税上の弊害を防止するための税制が設けられており、以下では、ローン契約に関連する各制度をごく簡単に列挙する[23]。

(1)　無償・低額取引と時価

　利子の金額が適正な価額（時価）と乖離している場合（たとえば、グループ企業間で無利子・低利子貸付けが行われる場合）、原則として、実際の利子の金額ではなく、時価を前提とした課税関係が生じる[24]。なお、このような課税関係は、第三者とのローン契約についても生じ得るが、グループ企業間のローン契約において問題となることが多い。

(2)　移転価格税制

　クロスボーダーでのグループ企業間のローン契約については、利率の適正性に関して、移転価格税制（租税特別措置法（以下「租特法」という）66 条の 4）が問題となり得る。具体的には、(i)内国法人が貸付人となっている場合、国外関連者から受領する利子の利率が独立企業間価格に満

---

[23] 課税上の弊害を防止するための税制の詳細および各税制に関連する法務担当者における留意点については、第 5 章（グループ内取引に関する税務上の留意点）**2 (1)**を参照されたい。

[24] 具体的には、貸付人においては、時価を前提として益金算入がされるとともに、実際の利子の金額と時価との差額については寄附金として損金算入制限を受ける。一方、借入人においては、一般的な理解に従うと、法人税法 22 条 2 項で無償による役務の享受について益金算入が規定されていないことを理由に、実際の利子の金額と時価との差額は受贈益として益金算入されることとはならない（これは、役務の享受に関しては、時価と乖離している場合であっても、支払うべき費用（損金算入される金額）が減少しているためである）（ただし、この点については、戸塚裕輔「益金が生ずる無償取引について——無償による役務の享受の取扱いに関する理論的検討」税務大学校論叢 97 号（2019）93 頁以下では、無償による役務の享受をした場合においても、益金およびそれと同額の損金を計上すべき（後者については享受した役務の内容によっては資産計上等が必要となる場合もある）との見解が示されている）。なお、グループ法人税制（第 5 章（グループ内取引に関する税務上の留意点）**2 (2)ア**も参照）が適用される場合は、貸付人および借入人それぞれにおいて、時価を前提とした益金算入および損金算入が行われる（法人税基本通達 4-2-6 も参照）。

たないとき、または、(ii)内国法人が借入人となっている場合、国外関連者に対して支払う利子の利率が独立企業間価格を超えるときは、独立企業間価格を基準として当該内国法人に課税が行われる。

(3)　過少資本税制

　国外のグループ会社等からの借入れによって資金調達を行う際、資本に比して過大な利子を支払うことによる弊害を防止する制度として、過少資本税制（租特法66条の5）がある。これは、内国法人が国外のグループ会社等（親会社等）から資金提供を受けるに際し、出資に対する貸付けの比率が一定割合（3倍）を超えた場合には、その超える部分についての支払利子の損金算入を認めないという制度である。

(4)　過大支払利子税制

　クロスボーダーでの借入れによって資金調達を行う際、所得金額に比して過大な利子を支払うことによる弊害を防止する制度として、過大支払利子税制（租特法66条の5の2）がある。これは、日本の課税権が及ばない者に対する支払利子等の額が、法人の所得（調整所得金額）の20％を超える場合には、その超える部分についての損金算入を否定する制度である。なお、前記(3)の過少資本税制とは異なり、貸付人がグループ会社等ではなく第三者であっても適用される。

(5)　同族会社に係る一般的行為計算否認規定

　同族会社がローン契約を締結する場合、一般的行為計算否認規定（一定の場合に、実際になされた取引（行為計算）の内容にかかわらず、税務署長においてこれらを税務上正常な取引（行為計算）に引き直した上で、それに基づく課税を行うことを認める規定）（法人税法132条1項）の適用の有無が問題になる。なお、かかる規定は、国内取引のみならずクロスボーダー取引においても問題となる[25]。

5　おわりに

　本章では、ローン契約に関わる課税関係・税制と法務的観点からの留
意点について概説した。多岐にわたる論点が存在するが、ローン契約は
企業活動のさまざまな場面で締結されるものであるため、法務担当者と
しては、課税関係・税制の全体像を把握した上で、契約の不備等により
予期せぬ課税上のリスクが生じることがないよう、慎重に検討を行うこ
とが望ましい。

25）なお、外国のグループ会社からの借入れに係る支払利子の損金算入に関して、同族会社
　　に係る一般的行為計算否認規定の適用の有無が問題になった事案（以下「U事件」とい
　　う）として最一判令和4・4・21裁判所HP参照〔確定〕（以下「U事件最判」という）
　　がある。U事件においては、グローバルなグループ間組織再編取引に伴い、いわゆるデッ
　　ト・プッシュ・ダウン（企業グループにおいて借入金の返済に係る経済的負担を資本
　　関係の下流にある子会社に負担させること）が行われ、多額の利益を計上していた内国
　　法人（の承継法人）における支払利子の損金算入を通じた税負担の軽減が課税当局から
　　問題視されたものである。問題となった利子の支払いが行われた当時（2008年）は、
　　前記(3)の過少資本税制は存在したものの、U事件においては多額の増資が借入れと同日
　　に行われており同税制が適用されず、かつ、前記(4)の過大支払利子税制の創設前であっ
　　たため、課税当局は一般的行為計算否認規定に基づく課税を行ったものと考えられる。
　　したがって、現在においては過大支払利子税制の問題として処理されることになるため、
　　あくまで事例としては過渡的なものにとどまるが、U事件最判は、結論として同規定の
　　「法人税の負担を不当に減少させる」との要件（不当性要件）の該当性を否定し、納税者
　　勝訴の判断を下した（U事件最判における判断枠組みの具体的内容等については、北村
　　導人＝黒松昂蔵「ユニバーサルミュージック事件にみる行為計算否認規定の適否に関す
　　る留意点（上）」旬刊経理情報1649号（2022）26頁、同「同（下）」旬刊経理情報
　　1650号（2022）36頁も参照）。

◇**第9章** ◇◇◇◇◇◇◇◇◇◇◇◇◇◇◇◇◇◇◇◇◇◇◇◇◇◇◇◇◇◇◇◇◇◇◇

出資契約・各種事業体の選択と課税

◇◇◇

1　はじめに

　企業の資金調達手段には、大きく分けて、金融機関等からの借入れを行うデット・ファイナンスの方法と、投資家等からの出資を受け入れるエクイティ・ファイナンスの方法が存在する。各企業がどのような資金調達手段を選択するかは、経営・財務戦略や資本政策により異なり得るが、その際には、法律上の取扱いの差異のみならず、税務上の取扱いの差異についても考慮が必要となる場合がある。したがって、法務担当者としても、これらの各資金調達手法に係る税務上の取扱いを理解しておくことは、きわめて有益である。

　本章では、出資（エクイティ・ファイナンス）に係る課税関係の概要を説明するとともに、実務上留意が必要な論点として、有利発行に係る課税関係について解説する[1]。

　また、企業が事業活動を行うに当たり、子会社をはじめとする各種の事業体を用いる場合がある。いかなる事業体を用いるべきかにより、法

---

1) なお、借入れ（デット・ファイナンス）に係る課税関係の概要については、第8章（ローン契約）を参照されたい。

律上の取扱いに加え、税務上の取扱いにも差異が生じる。したがって、事業体の選択に当たっては、各種事業体におけるこれらの差異を理解しておくことが有益である。特に、グローバルな事業活動を行う企業では、日本法のみならず、海外法や国際課税の観点からの検討が必要となるため、問題は更に複雑化する。そこで、本章においては、この点も併せて概説する。

2　出資に係る課税関係の概要

　以下では、内国法人から内国法人（いずれも株式会社）に対する出資が行われることを前提として、法人税を中心に課税関係の概要を説明する。

(1)　金銭出資

　金銭出資がなされる場合、出資時点においては、出資者である法人と出資を受けた法人のいずれにおいても、法人税について特段の課税関係は生じない。

　出資を受けた法人がその後の事業活動を通じて稼得した利益（利益剰余金）を原資として剰余金の配当を実施した場合、(i)出資者である法人においては、株式保有割合に応じて、受取配当金の一定割合が益金不算入となる一方で（法人税法23条1項・4項）[2]、(ii)出資を受けた法人においては、配当金の支払いは資本等取引（同法22条3項・5項）となるため、法人税について特段の課税関係は生じない。この点、ローン契約（支払利子につき貸付人において益金に算入されるとともに、借入人において

---

2) 概要、(i)完全子法人株式等（100％保有）については受取配当金の100％が、(ii)関連法人株式等（1/3超100％未満保有）については受取配当金から当該関連法人株式等に係る負債利子の額を控除した額の100％が、(iii)その他株式等（5％超1/3以下保有）については受取配当金の50％が、(iv)非支配目的株式等（5％以下保有）については受取配当金の20％が、それぞれ益金不算入となる（なお、完全子法人株式等および関連法人株式等については一定の継続保有要件が課される（法人税法23条5項・6項、同法施行令22条の2、22条の3））。

損金に算入される）とは、法人税に係る基本的な課税関係が異なること
になる[3]。

　以上に加えて、出資を受けた法人においては、増加資本金の額に応じ
て登録免許税が課されることになる[4]。

(2)　現物出資

　現物出資がなされる場合、法人税法上、出資者である法人が現物出資
財産を譲渡したものとして、当該現物出資財産の譲渡損益課税の対象と
なるのが原則である。

　しかしながら、法人税法は、現物出資を企業組織再編成の1つとし
て位置づけ、完全支配関係[5] もしくは支配関係[6] のある法人間におけ
る現物出資、または共同で事業を行うための現物出資のうち一定の要件
を満たすものについて、「適格現物出資」（法人税法2条12号の14）と
して、出資時の譲渡損益課税を繰り延べることとしている[7]。これに対
して、原則どおり出資時点で現物出資財産に対する譲渡損益課税がなさ
れる現物出資を、「非適格現物出資」という。

　適格現物出資により資産・負債の移転をした場合には、(i)現物出資法
人（現物出資を行った法人。法人税法2条12号の4）においては、移転し

3）なお、出資を受けた法人が資本の払戻し（資本剰余金の額の減少に伴う剰余金の配当）
　を行う場合、出資者である法人においてはみなし配当および譲渡損益課税の対象となる
　（法人税法24条1項4号、61条の2第1項・17項・18項）。この点も、ローン契約に
　おいて元本の返済につき特段の課税関係が生じないこととは異なる。出資を受けた法人
　においては資本等取引（同法22条3項・5項）となり、法人税について特段課税関係
　が生じない点は同様である。
4）登録免許税法2条、別表第一。
5）概要、一方の法人が他方の法人の発行済株式の100％を直接または間接に保有する関係
　をいう（法人税法2条12号の7の6）。
6）概要、一方の法人が他方の法人の発行済株式の50％超100％未満を直接または間接に保
　有する関係をいう（法人税法2条12号の7の5）。
7）適格現物出資の要件の詳細は割愛するが、組織再編税制一般と同様、当事者間の関係に
　応じて、金銭等不交付要件、継続保有要件、従業者引継要件、資産負債引継要件、事業
　継続要件、事業関連性要件、経営参画要件等を満たす必要がある。また、現物出資の目
　的となる財産についても一定の要件が課されている（法人税法2条12号の14、同法施
　行令4条の3第10～15項）。

た資産・負債の現物出資の直前における帳簿価額による譲渡をしたものとしてその所得が計算される（同法62条の4第1項）とともに、(ⅱ)被現物出資法人（現物出資を受けた法人。同法2条12号の5）においては、帳簿価額により当該資産・負債の譲渡を受けたものとして取得価額を計算する（同法施行令123条の5）[8]。これにより、出資時点においては現物出資財産の含み損益は実現せず、課税が繰り延べられることになる一方で、被現物出資法人が当該資産を譲渡した場合には、（現物出資法人の下で生じた）当該含み損益が被現物出資法人において課税されることになる。

　これに対して、非適格現物出資により資産・負債の移転をした場合には、現物出資法人においては、(ⅰ)移転した資産・負債の現物出資の時における価額（時価）による譲渡をしたものとしてその所得が計算されるとともに、(ⅱ)被現物出資法人においては、時価により譲渡を受けたものとして取得価額を計算する[9][10]。これにより、出資時点において現物出資法人に対する課税が生じ、（現物出資法人の下で生じた）現物出資財産の含み損益は被現物出資法人に引き継がれないこととなる。

　以上に加えて、現物出資は消費税法上の「資産の譲渡等」（消費税法2条1項8号）に該当するため、消費税の課税対象（現物出資財産の内容に応じ、課税売上ないし非課税売上）となる。また、現物出資財産に不動産が含まれる場合等には、（資本金の増加に係るものとは別途）登録免許税や不動産取得税の課税対象となる場合がある。

---

8) なお、現物出資法人における被現物出資法人株式の取得価額や、被現物出資法人における資本金等の額についても、移転資産・負債の簿価純資産価額を基礎として計算される（法人税法施行令8条1項1号ニ・8号、119条1項7号）。
9) なお、現物出資法人における被現物出資法人株式の取得価額や、被現物出資法人における資本金等の額についても、移転資産・負債の時価純資産価額を基礎として計算される（法人税法施行令8条1項1号ホ・9号、119条1項2号）。
10) ただし、いわゆるグループ法人税制の適用により、現物出資法人と被現物出資法人との間に完全支配関係がある場合には、移転する資産のうち一定の資産（譲渡損益調整資産）に係る譲渡損益については課税が繰り延べられることとされている（法人税法61条の13）。グループ法人税制の概要については、第5章（グループ内取引に関する税務上の留意点）も参照されたい。

(3) DES

　貸付金等の金銭債権を現物出資することにより株式に転換することを、デット・エクイティ・スワップ（Debt Equity Swap：DES）という（会社法 207 条 9 項 5 号参照）。DES は、業績不振に陥った企業の事業再建支援等を目的として実務上しばしば行われる取引であるが、税務上の取扱いについては、以下のような点に留意が必要となる。

　すなわち、DES が非適格現物出資として行われる場合[11] には、被現物出資法人（債務者である法人）において、現物出資を受けた債権の評価額（時価）と券面額との差額[12] に相当する金額の債務が消滅したものとして取り扱われ、当該差額について債務消滅益として法人税課税の対象となる[13]。

　他方で、現物出資法人においては、金銭債権の出資（譲渡）と引換えに、被現物出資法人の株式を金銭債権の時価で取得することになる（法人税法施行令 119 条 1 項 2 号）ため、債権の譲渡損益課税が生じることになる。DES が合理的な再建計画等に基づき行われる場合には、金銭債権の時価と出資直前における債権の帳簿価額との差額に相当する金額につき、現物出資法人において債権譲渡損として損金算入が認められるが、そうでない場合には寄附金として損金算入が制限される可能性がある[14]。

　以上に対して、(i)債権者から債務者に対して金銭出資を行った上で、(ii)当該出資を受けた金銭を原資として、債務者から債権者に対して債務を弁済する方法により、DES と同様の目的（金銭債権の株式への転換）が行われることがあり、かかる方法は「擬似デット・エクイティ・スワップ（擬似 DES）」と呼ばれる。これは、法的には金銭出資と債務の

---

11) 金融機関等の資本関係のない第三者が業績不振企業への金融支援として実施する DES においては、非適格現物出資となることが通常と考えられる。

12) 債務超過となっているような業績不振企業においては、債権の評価額（時価）は券面額（帳簿価額）を下回ることが通常である。

13) 法人税法 59 条 1 項 1 号括弧書参照。なお、会社更生、民事再生等の法的整理手続において行われる DES については、債務消滅益の額を期限切れ欠損金と相殺することが認められている（同条 1 項・2 項）。

14) 法人税基本通達（以下「法基通」という）2-3-14、9-4-2 参照。

弁済に過ぎないため、出資時点において債権者および債務者において特段の法人税課税は生じない（前記(1)および第8章（ローン契約）参照）。ただし、租税回避目的で擬似DESが利用される場合には、同族会社に対する行為計算否認規定（法人税法132条1項）の適用や寄附金認定が問題となる可能性がある点に留意が必要である[15]。

3　有利発行に係る課税関係

　出資契約に関して実務上特に留意が必要となる論点として、有利発行に係る課税関係が挙げられる。以下では、有利発行に係る課税関係（法人税に限る）の概要を説明するとともに、法務担当者において実務上留意すべき点を解説する。

(1)　基本的な考え方（株主間の利益移転）

　払込金額が募集株式の時価を下回る募集株式の発行（以下「有利発行」という）が行われた場合、既存株主から募集株式の引受人（以下「株式引受人」という）へ経済的価値が移転する場合があるため、利益を移転する側および利益の移転を受ける側の双方において、課税の有無を検討する必要が生じる。

　この点、租税法令上、上記の株主間の利益移転に課税する旨を直接定めた個別の規定（別段の定め）は設けられておらず、益金に係る通則規定である法人税法22条2項に基づき、課税の有無を判断することとなる。同項は、(i)無償による資産の譲渡、(ii)無償による資産の譲受け、(iii)その他の取引に係る収益の額を益金の額に算入する旨を定めていることから、上記の株主間の利益移転が(i)〜(iii)のいずれかに該当する場合には、その利益移転の時点において益金が生じることとなる。

　そこで、株式引受人とその他の既存株主のそれぞれについて、株主間

---

15)　租税回避目的であることが明確な例外的な事例ではあるが、擬似DESに関する裁判例として、第8章（ローン契約）脚注22)のスリーエス事件および相互タクシー事件参照。

の利益移転がどのような場合に上記(ⅰ)～(ⅲ)に該当するかという点が問題
となる。

⑵　株式引受人に係る課税関係

　株式引受人が発行法人より募集株式の交付を受けることは、「資産の
譲受け」に該当する[16]。したがって、株主間の利益移転が認められる
場合には、「無償による資産の譲受け」（受贈益。法人税法 22 条 2 項）と
して、株式引受人において益金に算入されると解されている[17]。

ア　既存株主の持分割合に応じて発行する場合（株主按分型発行）

　まず、募集株式の発行が、既存株主に対しその持分割合に応じて按分
的に行われる場合（以下、かかる按分型の発行を「株主按分型発行」、それ
以外の発行を「非按分型発行」という）には、株主間で利益移転が生じな
いため、株式引受人において「無償」で資産を譲り受けたことにはなら
ない[18]。この点は、有価証券の取得価額に係る規定において、「株主等
として……取得をした」株式であって「他の株主等に損害を及ぼすおそ
れがない」場合には、有利発行の場合であっても実際の払込金額を取得
価額とすると定められていること（法人税法施行令 119 条 1 項 2 号・4 号）
により、間接的に明らかにされている。したがって、有利発行が株主按
分型発行としてなされる場合には、株式引受人において特段の課税関係
は生じないと考えられる。

　ただし、実務上は、そもそも株主按分型発行に該当するか否か[19]に

16）東京地判平成 22・3・5 税務訴訟資料 260 号順号 11392 も、新株の発行を適正な価額
　　より低い価額で引き受けることは、無償による「資産の譲受け」に該当する旨判示して
　　いる。
17）髙橋正朗編著『法人税基本通達逐条解説〔十訂版〕』（税務研究会出版局、2021）317 ～
　　318 頁、320 頁参照。
18）厳密には、株式引受人において、募集株式の時価が払込金額を上回るという意味での利
　　益が生じ得るが、株式引受人の保有する既存株式の価値の希薄化に伴う損失（後記ウ）
　　が同時に生じるため、株式引受人には所得が生じないと解されている（岡村忠生『法人
　　税法講義〔第 3 版〕』（成文堂、2007）325 頁参照）。
19）厳密には、「株主等として……取得をした」株式であって「他の株主等に損害を及ぼすお
　　それがない」場合に該当するか否かが問題となる（法人税法施行令 119 条 1 項 4 号）。

ついて、課税当局との間で見解の相違が生じることがある。たとえば、株主間契約における定め等により、募集株式の発行の場面における株主毎の取扱いが異なるという事態が生じ得るが、当該差異が株式の内容に反映されていない場合（言い換えれば、同一の種類の株式を保有する株主間において、その株式の内容とはされていない取扱いの差異が存する場合）には、株主按分型発行には該当しないと判断される可能性がある[20]ことに留意が必要である。したがって、株主按分型発行としての取扱いを受けることが望ましいにもかかわらず、同一の種類の株式を保有する株主間において取扱いに差異を設ける必要がある場合には、慎重な検討が必要となる。

イ　既存株主の持分割合に対応しない発行の場合（非按分型発行）

　これに対して、非按分型発行が行われる場合、いかなる場合に株式引受人において受贈益課税がなされるかとの点につき、解釈上難しい問題が存在する。

　有利発行が非按分型発行としてなされる場合、既存株主から株式引受人に対する利益移転が生じるため、株式引受人は「無償」で資産を譲り受けたこととなる。このことは、有価証券の取得価額に係る規定において、有利発行の場合における有価証券の取得価額は、「株主等として……取得をした」株式であって「他の株主等に損害を及ぼすおそれがない」場合でない限り、「その取得の時におけるその有価証券の取得のた

20）関連する裁判例として、東京高判平成28・3・24税務訴訟資料266号順号12832（最二判平成29・2・24税務訴訟資料267号順号12983にて上告不受理により確定）がある。これは、納税者である日本の鉄鋼商社がタイに有する関連会社の発行した新株のすべてを額面価額の25%（1株当たり250バーツ）で引き受けたことについて、引受価額と取得時の時価との差額相当分の受贈益が納税者に生じたとして、法人税の更正処分等がなされた事案である。同事案においては、納税者とタイ現地株主との間で株主間契約が締結されており、タイ現地株主は、利益配当等の一切の受領権を放棄した上で、代わりに、タイ関連会社の業績に関係なく、保有株式の取得金額に対して一定の支払いを受領する等、タイ関連会社の財務状況の悪化リスクを負担しない仕組みとなっていたため、株主というよりは、単純な債権者の立場に近い（したがって、タイ現地株主が新株引受に応じないことは不自然・不合理でないように思われる）事案であった。しかしながら、裁判所は、後述の10%基準を形式的に当てはめるとともに、株主間契約の定めにより株式の内容が異なることにはならないとして、納税者敗訴の判断を下している。

めに通常要する価額」とされている（法人税法施行令 119 条 1 項 4 号）ことから間接的に明らかにされている。したがって、有利発行が非按分型発行としてなされる場合には、当該「通常要する価額」と払込金額との差額相当額につき、株式引受人において受贈益課税の対象とされることになる。

　然るところ、有利発行の具体的な内容として、法人税法施行令 119 条 1 項 4 号は、「有価証券と引換えに払込みをした金銭の額……が払い込むべき金銭の額……を定める時におけるその有価証券の取得のために通常要する価額に比して有利な金額である場合」と規定している。同号における「有価証券の取得のために通常要する価額に比して有利な金額」の内容は必ずしも明確でないが、法基通 2-3-7 において、払込金額と募集株式の価額（払込金額を決定する日の現況における価額）[21] との差額が当該価額の 10％以上であるか否かという基準 [22]（以下「10％基準」という）が示されているため、実務上は、かかる基準に依拠して対応されるケースが多いものと考えられる [23]。

　なお、事案によっては、払込金額を定めるに当たって、株式引受人にとっての募集株式の価額に影響を及ぼすとは直ちには解し難い事情（たとえば、発行価額についての法令上の規制や他の既存株主が株式引受人とならないことに関する事情）を考慮せざるを得ない事態も生じ得ると考えられる。この点、個別事情にもよるものの、有利発行に該当するか否かの判断に際してかかる事情を考慮することについては消極的に判断される場合がある [24] ことに留意が必要である。もっとも、この点について

---

21) なお、有利発行該当性はあくまで払込金額を決定する日の現況により判断されるため、同日時点で有利発行に該当しなければ、仮に払込期日までに株価が高騰したとしても課税関係は生じないことになる。他方、有利発行に該当する場合には、（払込金額を決定する日ではなく）株式引受人が株式を取得した時の当該株式の価額を基礎として受贈益の額が算定される。
22) 東京高判平成 28・3・24（前掲注 20））においても、法基通 2-3-7 の合理性が認められている。
23) 募集株式の価額（いわゆる時価）を算定するに当たっては、実務上法基通 4-1-4 〜 6 を参照することが多いものと考えられる。ただし、そもそも時価は一義的に定まるものではなく、事案毎に、募集株式の時価に影響し得る事情を総合考慮の上判断すべきと考えられる。

は、10％基準が認容されている法的根拠等を踏まえて十分に議論・検討を尽くすべき問題であると考えられる。すなわち、10％基準が認容されている根拠については、「株式の証券取引所への新規上場の場合における払込金額等の決定方法等をも考慮して定められたものである」とされ[25]、政策的な判断が背景にあることは伺われるものの、法人税法22条2項の「無償による資産の譲受け」の解釈として、かかる10％基準の法的位置づけを含めて、有利発行であるか否かを判定するためにいかなる要素や事情を考慮すべきかという点については、さらなる議論・検討が必要であると考えられる。

ウ　希薄化損失について（非按分型発行におけるその他の問題）

　非按分型発行において、既存株主の一部を株式引受人とする場合には、その他の既存株主が保有する既存株式のみならず、当該株式引受人が保有する既存株式にも希薄化による損失が生じ得る（以下、かかる損失を「希薄化損失」という）。そこで、かかる希薄化損失を考慮し、非按分型発行としてなされる有利発行の際に株式引受人に生ずる益金の額を算定する場面においても、払込金額と募集株式の時価の差額全額を受贈益とするのではなく、そこから希薄化損失相当額を控除すべき（さらには、有利発行に該当するか否かを判断する場面においても希薄化損失の存在を考慮すべき）との考え方も成り立ち得る[26]。

　しかしながら、裁判例においては、この問題に関して、法人税法上未実現の資産の含み損を損金の額に算入することが認められていないこと等を理由に、消極的に判断されている点に留意が必要である[27]。

24）関連する裁判例として、東京高判平成28・3・24（前掲注20））がある。

25）なお、髙橋編著・前掲注17）317～318頁参照。

26）前掲注18）のとおり、按分型発行の場合には、希薄化損失を考慮することが当然の前提とされている。

27）東京高判平成22・12・15税務訴訟資料260号順号11571（前掲注16）記載の裁判例の控訴審）参照。

⑶　株式引受人以外の既存株主に係る課税関係

　株式引受人以外の既存株主は、募集株式の発行の当事者ではないため、通常は、(i)「無償による資産の譲渡」または(iii)「その他の取引」のいずれを行うものでもなく、何らの課税関係も生じないと考えられる。

　しかしながら、最三判平成 18・1・24 判時 1923 号 20 頁〔オウブンシャホールディング事件最高裁判決〕は、少なくとも、「株主間の利益移転が、⒜株式引受人以外の既存株主の支配の及ばない外的要因によって生じたものではなく、⒝株式引受人以外の既存株主において意図し、かつ、株式引受人において了解したところが実現した」との要件を充足する場合には、株式引受人以外の既存株主においても、(i)「無償による資産の譲渡」または(iii)「その他の取引」のいずれかが生じたと認められる旨判示している。したがって、かかる要件を充足するとして、株式引受人以外の既存株主においても、株式引受人に移転した利益相当額の収益の額が益金に算入され、かつ当該金額について寄附金として損金算入の制限を受けることにより、法人税課税の対象となる可能性がある点には留意が必要である。

　なお、(i)「無償による資産の譲渡」または(iii)「その他の取引」に該当する場合に、株式引受人以外の既存株主において、株式が譲渡されたのと同様と捉え、株式引受人に移転した利益相当額の収益に対応する既存株式の譲渡原価の損金算入が認められるか否かという点も問題となるが、この点については同最高裁判決において争点とされておらず、取扱いは明確でない。したがって、上記の要件を満たす可能性が疑われる場合には、納税者としては、有利発行ではなく、株式譲渡等の株主間での直接の株式の授受を含む取引形態を採る方が望ましい場合があり得る。

⑷　外国法人が有利発行の株式引受人となった場合に生ずる課税関係

　以上論じた課税関係については、クロスボーダーのM&Aやグループ内再編に際して、日本に恒久的施設を有しない外国法人（以下、単に「外国法人」という）が、内国法人の有利発行に係る株式引受人となる場合にも生じ得る。

　この点、国内税法上、外国法人は、法令上列挙された国内源泉所得を稼得した場合に限り、内国法人に準じて、法人税を課されることとされている（法人税法141条2号、142条の10）。然るところ、有利発行の株式引受人において生じる所得（募集株式の時価と払込金額の差額相当額の所得）については、「国内にある資産に関し供与を受ける経済的な利益に係る所得」（同法138条1項6号、同法施行令180条1項5号）に該当し得ると解されている[28]。したがって、当該外国法人の課税関係は、内国法人が有利発行に係る募集株式を引き受けた場合の課税関係（前記(2)）と基本的に同様となる。

　また、租税条約においてこれと異なる課税関係が規定されている場合には租税条約の規定が優先することとなるため、株式引受人となる外国法人の居住地国と日本との間の租税条約の内容についても確認が必要となる。租税条約上、有利発行の株式引受人において生じる所得は、通常は個別に列挙された所得（配当、利子等）には該当せず、「その他の所得」として取り扱われる。たとえば、OECDモデル租税条約〔2017年版〕の内容に沿った租税条約の場合には、「その他の所得」に係る課税権については、居住地国でのみ課税されることとされているため（同条約21条）、日本（源泉地国）の法人税は課されないこととなる。これに対して、①源泉地国の課税が制限されていない租税条約や、②源泉地国の課税は制限されているものの一定の留保を付している租税条約（例：日米租税条約、日蘭租税条約）が適用される場合には、有利発行の株式引受人となった外国法人に対して日本の法人税が課される可能性があるという点に留意が必要となる。

---

[28] 仲谷栄一郎ほか『国際取引と海外進出の税務』（税務研究会出版局、2019）183頁。ただし、株式引受人へ課税する根拠が他の既存株主からの経済的価値の移転にも存することに鑑みれば（前記(1)）、他のすべての既存株主およびその保有株式が国外に所在する場合に、「国内にある資産に関し供与を受ける経済的な利益に係る所得」が存すると解するべきか否かについては、議論の余地がある。

4　各種事業体の選択と課税

(1)　法人課税と構成員課税（パス・スルー課税）

　ある事業体に対してどのように課税するかについて、税法上は、原則として、当該事業体が法人格を有するか否かにより、法人課税と構成員課税（パス・スルー課税）のいずれにより課税するかを判断している。

　法人課税とは、法人格を有する事業体を納税義務者として取り扱うものであり、当該事業体に帰属する所得に対して、その事業体の構成員とは別個に法人税が課税される。このような事業体の代表例は、内国法人（会社）である（法人税法2条1項）。

　これに対して、構成員課税（パス・スルー課税）とは、事業体自身は納税義務者とならず、権利・義務や財産の帰属主体である事業体の各構成員に対して、直接所得課税がなされる。このような事業体の例として、任意組合、投資事業有限責任組合、有限責任事業組合、受益者等課税信託等が挙げられる。

　この法人課税と構成員課税（パス・スルー課税）の区別については、一部例外が認められている。たとえば、(i)人格のない社団等については、法的な観点からは法人格を有しないものの、税務上は法人とみなした上で、収益事業から生じた所得について課税することとされている（法人税法3条、4条1項）。また、(ii)資産流動化法上の特定目的会社等については、法人課税の建前を維持しつつも、その導管的な性質を重視し、配当可能所得の90％超を配当として支払っている等の一定の要件を満たせば、支払配当金を損金に算入することが認められている（ペイ・スルー課税。租税特別措置法67条の14等）。

　更に、信託については、法人税法上も特別の整理を行っている。すなわち、信託を、①信託収益が発生すると同時に、受益者を納税義務者として課税する信託（受益者等課税信託）、②信託収益を受益者が現実を受領したときに、受益者を納税義務者として課税される信託（集団投資信託、退職年金等信託）、②信託を法人とみなして、受託者を納税義務者と

して課税する信託（法人課税信託）の3類型に分類して、それぞれについての課税関係を定めている。

類型	法人格	事業体レベルの課税	構成員レベルの課税 （個人の場合）*1
会社	有	法人課税	配当所得
法人課税信託	無	法人課税（受託者）	配当所得（受益者）
公益法人等	有	法人課税 ※収益事業のみ	（収益分配不可）
人格のない社団等	無	法人課税 ※収益事業のみ	雑所得
特定目的会社 投資法人	有	法人課税 ※支払配当金を損金算入可 （ペイ・スルー課税）	配当所得
特定目的信託 投資信託	無	法人課税（受託者） ※支払配当金を損金算入可 （ペイ・スルー課税）	配当所得（受益者）
匿名組合*2	無	無（パス・スルー課税）	分配時に所得課税（原則雑所得）
集団投資信託*3 退職年金等信託	無		収益受領時に所得課税（主たる投資運用の内容に従う）（受益者）
任意組合 特定事業有限責任組合 有限責任事業組合	無		収益発生時に所得課税（主たる事業の内容に従う）
受益者等課税信託	無		収益発生時に所得課税（主たる事業の内容に従う）（受益者）

* 1 法人の場合、構成員に分配された収益は益金に算入されるが、配当に該当する場合には受取配当益金不算入規定の適用があり得る（法人税法22条、23条）。
* 2 匿名組合については、厳密な意味でのパス・スルー課税ではないが、たとえば、法人の匿名組合員は、現実の損益の分配の有無にかかわらず、匿名組合契約によりその分配を受けまたは負担をすべき部分の金額を組合の計算期間の末日の属する事業年度の益金の額または損失の額に算入することとされている（法人税基本通達14-1-3）。
* 3 集団投資信託、退職年金等信託については、たとえば、法人税においては、信託財産に帰せられる収益および費用は、受託者である法人の各事業年度の所得の金額の計算上、当該法人の資産および負債ならびに収益および費用でないものとみなされるため、受託者である法人には課税されないものとされている（法人税法12条3項）。

⑵　株式会社と合同会社

　日本において子会社を設立する際には、株式会社と合同会社のいずれかが選択されることが一般的である。株式会社と合同会社には、設立・

運用における法的手続や設立後の機関設計の簡易・柔軟性といった法務
上の取扱いに差異があることに加えて、税務上の取扱いにおいても、以
下のような差異が存在する。

ア　課税形態

　株式会社と合同会社のいずれも法人格を有する会社であるため、日本
の法人税法上は、法人課税の対象となる（法人税法 2 条 3 号、4 条）。
　他方で、たとえば米国の税法上、合同会社については、法人課税とす
るか構成員課税（パス・スルー課税）とするかを出資者である納税者が
選択することができる、所謂チェック・ザ・ボックス・ルールの適用対
象となる（これに対して、株式会社については、米国税法上も常に法人課税
の対象となる）。したがって、米国法人が日本に子会社を設立する場合、
株式会社と合同会社とで米国における課税関係に差異が生じ得ることに
なる[29]。

イ　資本金の額の設定

　株式会社においては、会社法上、設立または株式の発行に際して払込
みまたは給付を受けた財産の 2 分の 1 以上の額を資本金の額としなけ
ればならない（会社法 445 条 1 項ないし 3 項）。他方、合同会社において
は、資本金の額に係る規制が存在しないため、出資の履行として払込み
または給付を受けた金額にかかわらず、自由に資本金の額を決定する
（たとえば、1 円とする）ことが認められる（会社計算規則 30 条 1 項）。
　この点、法人の資本金の額によって税務上の取扱いが異なる場合があ
る。たとえば(i)会社設立や増資の際に課される登録免許税の額は、資本
金の額に基づき決定される[30]。また、(ii)法人事業税においては、資本
金の額が 1 億円を超える場合、外形標準課税（付加価値割および資本割）

---

29) たとえば、合同会社設立後に赤字が見込まれる場合、パス・スルー課税を選択すること
　で、これを米国親会社の利益と相殺できることになる。
30) 具体的には、資本金の額の 0.7%（ただし最低額は、(i) 設立の場合株式会社の場合 15
　万円、合同会社の場合 6 万円、(ii) 増資の場合はいずれも 3 万円）が登録免許税の額と
　なる（登録免許税法 9 条、別表第一 24 号 (一) イ・ハ・ニ）。

が課されるが、1億円以下の法人（中小法人等）においてはこれが課されない（地方税法72条の2第1項1号）。したがって、出資額が同じ場合には、合同会社の方が税負担が軽くなる場合がある。

(3) 子会社と支店

　事業拡大のための拠点として、子会社ではなく支店を設置する方法も考えられる。

　子会社は、親会社とは異なる法人格を有し、親会社とは別個に法人税の納税義務者となる[31]。これに対して、支店は、法的には会社の一部に過ぎず、独立の納税義務者とはならない。

　子会社と支店の税務上の取扱いの差異が特に問題となるのは、グローバルな事業展開を行うケースである。たとえば、外国法人が日本に新たな拠点を設置する場合に、それぞれ以下のような差異が生じる。

ア　拠点において生じた所得への課税

　外国法人が日本に子会社を設けた場合、当該子会社が納税義務者となり、その所得は、（国内外のいずれで生じたかを問わず、）すべて日本の法人税課税の対象となる（法人税法5条）。

　これに対して、外国法人が日本に支店を設けた場合、当該外国法人が納税義務者となり、支店（恒久的施設）に帰属する所得その他の国内源泉所得についてのみ、日本の法人税の納税義務を負うことになる（法人税法4条、138条1項、141条1号）。

イ　拠点において生じた損益の帰属

　外国法人が日本に子会社を設けた場合、子会社の利益は別法人である親会社に直接帰属することにはならないため、これを外国法人に還流させるためには、配当等の形をとる必要がある。しかしながら、かかる支払いについて、日本税法上の源泉徴収の対象となる可能性がある（所得

31）ただし、グループ法人に関する特別な税務上の取扱いの対象となる。この点については、第5章（グループ内取引に関する税務上の留意点）を参照。

税法 212 条 1 項、161 条 1 項）[32]。また、子会社において生じた損失は、米国税法上のチェック・ザ・ボックス・ルールが適用されるような場合（前記(1)ア参照）を除いて、親会社の利益と相殺することはできない。

　これに対して、外国法人が日本に支店を設けた場合、支店における損益は当該外国法人に直接帰属するため、その後の利益の還流に関して特段の課税関係は生じず、また損失について本店の利益と相殺することも可能となる。

⑷　海外における事業体の日本税務上の取扱い

　以上のほか、日本法人が、海外進出に伴い現地法令に基づく事業体を設立する場合がある。この場合、当該事業体に係る税務上の取扱いについて、現地税法や租税条約の規定に照らした分析・検討が必要となる。

　更に、当該現地法令に基づき設立された事業体が、日本の税務上、法人課税の対象となる事業体として扱われるのか、構成員課税（パス・スルー課税）の対象となる事業体として取り扱われるのかという点も問題となり得る。これにより、当該事業体の損益が直接内国法人の所得として日本の法人税の課税対象となるか否かといった点等に影響があるためである。

　この点に関して、米国デラウェア州の法律に基づき設立されたリミテッド・パートナーシップが日本税法上の「外国法人」に該当するか否かが争われた最高裁判決[33]では、まず(i)組織体に係る外国の設立根拠法令の規定の文言や法制の仕組みから、当該組織体が当該外国の法令において日本法上の法人に相当する法的地位を付与されていることまたは付与されていないことが疑義のない程度に明白であるか否かにより判断し（ステップ 1）、(ii)ステップ 1 で判断できない場合、当該組織体が権利義務の帰属主体であると認められるか否かを検討して判断する（ステップ 2）[34]との判断基準が示されている[35]。

　いずれにしても、この点は、国際法務・税務に関する高度に複雑な問

---

32) ただし、租税条約において減免される場合がある（日米租税条約 10 条 3、12 条 1 等）。
33) 最二判平成 27・7・17 民集 69 巻 5 号 1253 頁。

題であるため、実際の検討に際しては、これらの分野に精通した専門家の助言を求めることが望ましい。

5　おわりに

　本章では、出資に係る課税関係の概要および有利発行に係る課税関係、ならびに事業体の選択に関する課税関係について解説した。特に有利発行に関する税務上の取扱いについては、条文や判例上必ずしも取扱いが明らかでない部分等もあるため、法務担当者においても、税務専門家への確認等を通じて事前に慎重な対応を行うことが望ましい。

---

34) 具体的には、当該組織体の設立根拠法令の規定の内容や趣旨等から、当該組織体が自ら法律行為の当事者となることができ、かつ、その法律効果が当該組織体に帰属すると認められるか否かという点を検討して判断することとされている。

35) なお、厳密には、「外国法人」該当性に加えて、「人格のない社団等」への該当性も検討する必要があり、これらのいずれにも該当しない場合にはじめて、当該事業体は日本の税務上構成員課税（パス・スルー課税）の対象となる事業体として取り扱われることになる。

株式譲渡契約と税務関連条項

◇◇◇

1 はじめに

　税制の複雑化や取引の国際化が進む中、企業の買収・統合等の取引（以下「M＆A」という）に際して、税務上の取扱いを考慮する必要性は高まっている。特に契約書上いかに税務に関する必要十分な規定を定められるかという点が、企業におけるM&Aに係るリスク負担や経済的インパクトを大きく左右する可能性がある。M&Aに係る契約書については、法務・税務・財務が密接に連携しながら検討する必要があるものの、実務上、法務担当者が最初にレビューする事例が大半であるため、法務担当者がM&Aにおける税務の観点から留意すべき基本的事項を把握しておくことは、重大な見落としを避ける、税務専門家の関与の要否を判断する、または税務専門家とのコミュニケーションを円滑化する、といった観点から有用である。

　たとえば、M&Aの買主の立場からは、取引の実行後に予期せぬ租税債務を負担する事態となった場合、当該取引から得られる経済的利益が（時には著しく）減殺されることになるため、かかる事態が生じることのないよう、事前に税務上の取扱いを慎重に検討することが重要となる。かかる事態を避けるため、対象会社グループにおける税務リスクや税務

ポジションを正確に把握するための税務デュー・デリジェンス（以下「税務DD」という）を実施することが通常である。しかしながら、税務DDの結果、税務リスクが存在しないと結論付けられる事例は少なく、何らかの問題が発見される、または十分な税務DDが実施できないため税務リスクの程度が不明な部分は残る、となる事例が大半である。そのため、買主の立場からは、発見されたまたは未知の税務リスクを売主に負担させることが重要であり、M&Aを規律する基本的な契約である株式譲渡契約（以下「SPA」という）等において、売主による対象会社グループに係る税務リスクの負担を明示することが肝要である。

　本章では、このような事例を念頭に置きながら、法務担当者として把握しておくべき主要な税務関連条項として、SPAにおける表明保証条項（後記 **2**～**4**）、補償条項（後記 **5**）および誓約条項（後記 **6**）を取り上げ、これらの条項を税務の観点からレビューする際の基本的な留意事項について概説する。

2　表明保証条項の概要

　一般に、表明保証（Representation and Warranties）条項とは、契約当事者の一方が、相手方当事者に対し、基準時となる一定の日（または時点）において、一定の事項が真実かつ正確である旨を表明し、保証することを内容とする契約条項である。同条項の機能としては、(i)表明保証に係る事実が真実でないまたは不正確であることが事後的に発覚した場合のリスクを表明保証者に負担させること（リスク分担機能）、および(ii)デュー・デリジェンスを補完する形で当事者から情報提供が行われること [1] で、当事者間の情報格差の解消を促す機能（情報開示機能）が挙げ

---

1) 表明保証違反となる事実を表明保証者が認識している場合には、通常、事後的に表明保証違反の責任を問われることを避けるため、契約交渉過程において、当該事実の開示別紙（Disclosure Schedule）における相手方当事者への開示を通じて、表明保証の対象から除外することが模索される。このようにして、（しばしば時間的制約のある）デュー・デリジェンスの過程で発見されなかったリスクについても情報開示が期待されることになる。

られる。

　表明保証の概念は英米法から持ち込まれたものであり、日本法には存在しないものであるが、その法的性質は、当事者間の特別な合意としての「損害担保契約」（一定の事由が生じた場合に、表明保証者の故意または過失にかかわらずに相手方に生じた損害等を担保するという契約）に基づく補償責任と解されており、その要件および効果は契約上の規定内容に基づいて決定される。表明保証違反がある場合には、その法的効果として、相手方当事者において、前提条件（Condition Precedent：CP）の不充足による取引の中止、補償、契約解除の請求権が認められることが一般的である（リスク分担機能）。

　とりわけ、買主によるデュー・デリジェンスの過程において、売主または対象会社の非協力に起因して十分情報が提供されず、対象会社株式の価値や取引の実施そのものの判断に影響を与えるような重要事実の存否が明らかとならないような場面においては、売主に当該重要事実の存在または不存在を表明保証させることが、買主の利益保護のためにきわめて重要となる。したがって、特に対象会社グループへの税務DDの実施が不十分である事例においては、買主としては税務の観点から適切な表明保証条項を設けることを売主に対して求めるべきことになる。

3　税務に係る表明保証条項における基本的留意事項

　SPAにおける表明保証条項は、売主と買主の双方について定められるが、税務に係る表明保証が問題となるのは、通常は専ら売主による表明保証である。

　この点、税務に係る表明保証の対象の一例としては、(i)対象会社グループにおける過去の税務申告および納税が適正かつ適法に行われていること、(ii)課税当局との見解の相違、争訟等の不存在、(iii)課税当局への事前照会の不存在、等が挙げられる。

　このうち、税務に係る表明保証の対象として最も典型的かつ重要なものは、上記(i)の対象会社グループにおける過去の申告および納税の適正

性・適法性である。買主の立場からは、取引の実行後に（売買目的物である）対象会社グループにおいて予期せぬ租税債務の負担が生ずることのないよう、売主に対してこの点の表明保証を求めることが一般的である。

　以下では、かかる典型的な表明保証条項を念頭に、買主および売主の双方の立場から、SPAをレビューする際に留意すべき基本的事項を解説する。

(1)　表明保証の範囲の設定（買主の立場から）

　まず、買主の立場からは、表明保証条項が対象会社グループに係る税務リスクをカバーする規定として十分なものとなっているか（売主側の申告または納税が適正かつ適法に行われていないにもかかわらず、規定の不備ないし遺漏によって表明保証違反を問えないケースが存在しないか）という点につき検討する必要がある。問題となり得る基本的留意事項の一例としては、以下のようなものが考えられる。

ア　対象となる税金の範囲の定め方

　たとえば、表明保証の対象を対象会社グループによる過去の「申告納税」の適正性・適法性とするケースがある。しかしながら、たとえば、次に掲げる場合のように、対象会社グループ自身が、申告納税以外の方式により租税債務を負担する、または、法的には納税義務者ではないが、当該租税に係る経済的な負担者である場合が存在する。

① 対象会社グループが（確定申告書の提出およびそれに基づく納税義務ではなく）源泉徴収義務を負担する源泉所得税

② 他者が源泉徴収義務を負担するが経済的には対象会社グループが負担する源泉所得税

③ 契約上の費用分担に関する特約等に基づき、第三者が法的に負担する租税債務について対象会社グループが補償等することに伴う金銭的な負担等

このようなケースにおいて、SPAに上記のような規定（対象会社グループによる過去の「申告納税」の適正性・適法性）のみが設けられている場

合、表明保証の対象があくまで対象会社グループが（法律上）申告納税義務を負担する租税債務に限定されると解されるため、対象会社グループにおける源泉徴収漏れ、他者から対象会社グループへの支払いに係る源泉徴収漏れ、または契約等に基づく他者の租税債務の対象会社グループによる負担が事後的に発覚したとしても、売主側の表明保証違反を問えない可能性がある。

　このような事態を避けるため、買主の立場からは、申告納税以外の方式（源泉徴収等）により対象会社グループが負担する租税債務も表明保証の対象となることを明確化することに加え、「税金」の定義規定において、対象会社グループが納税義務者ではないが経済的な負担者である租税債務が含まれる旨を明確化するといった対応を検討する必要がある。

イ　申告納税の主体の定め方（過去に連結納税制度の適用を受けている場合）

　たとえば、表明保証の対象に係る主語を、「対象会社グループによる」（売主等は含まれない）過去の申告および納税の適正性・適法性とするケースがある。

　しかしながら、対象会社グループが過去に連結納税制度の適用を受けている場合、連結法人税等の納税義務者および申告納税の主体は連結親法人である売主（ないしはその親会社）である[2]ため、上記の規定では、連結親法人が対象会社グループに係る連結法人税等について適正かつ適法な申告納税を行っていなかったことが事後的に発覚したとしても、売主側の表明保証違反を問えない可能性がある。このような事態を避けるため、買主の立場からは、表明保証の対象を「売主（ないしはその親会社）による」連結法人税等（のうち、対象会社グループに関連する部分）についての過去の申告納税の適正性・適法性まで拡大することを検討する必要がある。

2）令和 4 年 4 月 1 日以降に開始する事業年度から適用されているグループ通算制度においては、連結納税制度とは異なり、各通算法人が個別に申告を行う。

ウ 帳簿保存義務その他の租税法令上の義務の遵守

対象会社グループ（または売主等）が租税法令上負担する義務は申告および納税の義務に限られず、帳簿保存義務その他の租税法令上の義務を負担する。たとえば、対象会社グループ（または売主等）が帳簿保存義務を遵守していなかったことが事後的に発覚した場合、対象会社グループにおいて、青色申告承認の取消しや消費税における仕入税額控除が認められない等の制度上の不利益や、将来の税務調査対応が困難になる等の事実上の不利益が生じる可能性がある。したがって、買主の立場からは、表明保証の対象を、過去の申告および納税の適正性・適法性のみならず、その他の租税法令上の義務の遵守まで拡大することを検討する必要がある。

(2) 表明保証の範囲の限定（売主の立場から）

以上に対して、売主の立場からは、過去の申告および納税の適正性・適法性をすべて表明保証の対象とした場合、表明保証違反を問われるリスクが無限定に拡大するおそれがあり、また、買主において税務DDを実施している以上売主が無限定に責任を負担することは不合理であるとの考えの下、表明保証の範囲を合理的な範囲に限定したいとのニーズが存在する。このような限定を付す方法としては、たとえば以下のようなものが考えられる。

ア 対象となる申告および納税の期間の限定

限定を付す方法の一例として、表明保証の対象を、「過去の一定期間における」申告および納税の適正性・適法性とすることが考えられる。具体的には、表明保証の基準時（契約締結日またはクロージング日）以前の一定期間に申告書等の提出期限または納付期限が到来するものに限定する例が見られる。

この点、過去のどの程度の期間の申告および納税を表明保証の対象とすべきかは、最終的には当事者間の交渉により決せられる問題であるが、実務上の合理的な着地点としては、たとえば、対象会社グループに対する直近の税務調査の対象とされた期間の後の期間についてのみ表明

保証を求める形とされる場合もある[3]。

　なお、表明保証に係る期間制限と、後記(3)にて述べる補償の期間制限との関係についても留意する必要がある。表明保証に係る期間制限は、表明保証違反となる「過去」の申告納税の不備について、表明保証者が基準時からどこまで遡って責任を負うかの問題であるのに対して、補償の期間制限は、表明保証違反について、補償者が「将来」いつまで補償責任を負うかの問題である。このように両者の趣旨は異なるため、両者を混同せずに検討することが必要となる。

イ　重要性（materiality）による限定

　表明保証条項一般において、些細な理由による表明保証違反の発生を防ぐため、表明保証違反に該当する事由を「重大な」または「重要な」ものに限定し、または「軽微な」表明保証違反を対象から除外する場合がある。このような限定を、「重要性」による限定（materiality qualification）という。重要性の内容については事後的に解釈問題に発展する可能性があるため、あらかじめ具体的な判断基準が合意されるケースも存在する。

　過去の申告および納税の適正性・適法性に関しても、表明保証の内容を、対象会社グループが支払うべき税金について「重大な未払がないこと」等と規定することにより、重要性による限定を付すことが考えられる。もっとも、いかなる申告および納税の不備が「重要」といえるかについては争いが生じ得ることに加え、補償請求に係る補償金額の下限の定め（後記(4)参照）において重要性の低いものを数値基準により排除可能であるため、表明保証条項においてはかかる限定を付さないケースも見られる。

3）前回の税務調査において対象会社グループの申告および納税の適正性・適法性につき課税当局により確認されているため、当該税務調査の対象となった期間以前の期間について将来的に更正等の対象となる可能性が事実上低いとの理由による（国税通則法74条の11第5項参照）。

ウ　その他の限定

以上の他にも、開示別紙（Disclosure Schedule）における開示による除外[4]（この場合、表明保証違反に基づく補償とは別に、特別補償の対象に含めるか否か等が検討される）や、売主の「知る限り」ないし「知り得る限り」という限定[5]を付すといった対応が考えられる。

なお、「知る限り」ないし「知り得る限り」の限定については、買主の立場からは、過去の申告および納税の適正性・適法性は売主または対象会社グループにおいて当然に認識されるべき事項とも考えられるため、通常は当該限定を付すことは受け入れ難いと考えられるが、他の税務に係る表明保証事項（たとえば、課税当局との見解の相違、争訟等が生じる「おそれ」の不存在を表明保証の対象とする場合等）には、適切なリスク配分の観点から、当該限定が付されるケースも存在する。

(3)　表明保証違反に基づく補償請求に係る補償期間

以上が税務に係る表明保証の「対象」をレビューする際の基本的留意事項の一例であるが、表明保証違反が生じた場合の「効果」を定める補償条項をレビューする際にも留意事項が存するため、本項と次項(4)において、その一例を紹介する。

一般的には、売主側が税務上の表明保証に違反した場合であっても、取引の中止や解除に至ることは稀であり、補償条項による金銭的解決が模索されるところ、同条項においては、補償請求が認められる期間を将来の一定期間に限定することが多い。この点、税務以外の項目も含めた表明保証違反に基づく補償請求が認められる期間については、当事者間の法律関係の早期安定の観点から、比較的短期（6カ月～2年程度）に設定されることが一般的である。

---

4) 売主がすでに認識している税務上の懸念事項については、開示別紙（Disclosure Schedule）において開示するとともに、表明保証の対象から除外することが一般的である。

5) 前記**2**のとおり、表明保証条項は表明保証者の故意または過失の有無を問わない「損害担保契約」であるため、表明保証者の認識を問わず表明保証違反が成立し得る。そこで、売主の立場からは、表明保証の対象を、表明保証者が現に認識している範囲（「知る限り」）または認識すべき範囲（「知り得る限り」）に限定する場合がある。

　しかしながら、税務に係る表明保証違反は、将来の税務調査等を契機
として発覚することが通常であり、このような短期の期間制限の下で
は、税務リスクが顕在化した段階では補償請求が認められず、買主の利
益保護として不十分となる可能性がある。したがって、買主から、税務
に係る表明保証違反に基づく補償に関しては、補償期間を通常の場合よ
りも延長するよう求める事例が大半である。具体的には、対象会社グ
ループへの更正、決定、賦課決定または徴収等（以下「更正等」という）
に係る除斥期間または消滅時効に応じた期間（7年等）を設定すること
があり得るが、最終的には当事者の交渉力次第であり、税務DDの結果
や対象会社グループを構成する法人の所在地国における税法規定等を考
慮し、より短期に設定する事例も見られる。

(4)　表明保証違反に基づく補償金額の制限

　前記(3)の補償期間の制限に加えて、補償金額の上限額（cap）および
下限額（basketないしfloor）が規定されることが多い。

　この点、かかる上限または下限が付されている場合、対象会社グルー
プにおいて事後的に更正等がなされ税務リスクが顕在化した場合であっ
ても、その全額について補償を受けられない可能性がある点に留意が必
要である。もっとも、この点は表明保証違反全般において同様に当ては
まる問題であり、税務の観点から独自の上限または下限が設定されない
ことも一般的である。

　ただし、たとえば、対象会社グループにおける個々の税務処理の誤り
（少額の源泉徴収漏れ等）に係る金額的インパクトが小さくとも、総額と
してはきわめて大きな更正等がなされる可能性がある。この場合、個々
の税務処理の誤りを表明保証違反と捉え、かつ、補償金額の下限の規定
を当該個々の表明保証違反について適用する場合、（総額としては大きな
損害が生じているにもかかわらず）補償請求が認められないと解されるこ
とがあり得る。したがって、買主の立場からは、このような事態が生じ
ないよう、税務DDの結果に応じて、契約文言について慎重な検討が必
要となる場合がある。

4　表明保証条項の限界

　以上のとおり、特に買主の立場からは、表明保証条項を適切に設定することにより対象会社グループに係る税務リスクの負担を避けることが重要となるが、表明保証条項による買主の救済には一定の限界が存することにも留意が必要である。

⑴　買主の認識による制限（アンチ・サンドバッギング条項）

　表明保証の相手方が、表明保証違反を認識しまたは認識し得た場合には、当該表明保証違反による補償請求を認めないとする条項を、一般的にアンチ・サンドバッギング（anti-sandbagging）条項という。アンチ・サンドバッギング条項が設けられているケースでは、買主が売主による税務上の表明保証違反を認識し、または認識し得た場合、売主による表明保証違反は成立しないことになる。

　上述のとおり、税務上の表明保証違反は、将来の税務調査等における指摘を受けて事後的に発覚することが通常であり、SPAの締結時点においてはそもそも税務リスクとして顕在化していない場合が多い。また、限られた時間の中で実施される税務DDにおいて、すべての潜在的な税務リスクを買主側で網羅的に検討することには限界がある。しかしながら、アンチ・サンドバッギング条項が設けられているケースにおいては、対象会社グループによる税務処理の基礎となる資料が税務DD等において開示されていることを理由に、表明保証違反について買主が認識し、または認識し得たものとして、表明保証違反の成立が妨げられる可能性が存する。したがって、アンチ・サンドバッギング条項の具体的文言については、税務の観点からも慎重な検討が必要となる。

　他方、税務DDの過程で対象会社グループを構成する法人の一部に税務上の懸念事項が検出された場合には、すでに税務リスクを買主が認識しているため、アンチ・サンドバッギング条項により買主が表明保証違反を問うことが明確に制限される。したがって、この場合、買主として

は、他の救済手段として、表明保証違反に基づく補償請求とは別に、（買主の認識の有無を問わない）特別補償条項による補償請求等による対応を検討すべきこととなる。

(2)　申告または納付期限未到来の租税債務に係る税務リスク

　前記 **2** のとおり、表明保証条項は、基準時（通常は、契約締結時およびクロージング時）において、一定の事項が真実かつ正確である旨を表明し、保証するものである。したがって、過去の申告および納税を対象とする典型的な表明保証条項（前記 **3** 参照）においては、その対象が、クロージング前に申告および納付期限が到来している法人税等の租税債務に限定され、クロージング日前に開始したものの、申告および納付期限がクロージング後に到来する事業年度（以下「Straddle Period」という）については、申告および納付期限が未到来であることを理由として、表明保証の対象外となり得る点に留意が必要である。

　そこで、買主としては、Straddle Period（のうちクロージング前の期間）に係る税務リスクを売主に負担させるべく、上記の典型的な表明保証条項（過去の申告および納税の適正性・適法性を対象とするもの）以外の表明保証条項の内容を工夫する、または表明保証条項とは別にStraddle Periodに係る税務リスクの当事者間の分担を定める条項を設ける、といった対応を検討すべきこととなる。たとえば、クロージング日の前日までの期間に係る申告または納付期限未到来の租税は売主が、同日以降の期間に係る租税は買主が経済的に負担することを前提に、①価格調整条項における株式譲渡価格の調整項目として売主が負担すべき租税を減額調整の対象とするとともに、当該調整金額の正確性につき別途表明保証の対象とする方法や、②税務に係る精算を定める条項において売主が負担すべき租税を当事者間で適切に精算する旨を規定するといった方法が考えられる。

5 補償条項

(1) 特別補償条項

ア 税務リスクに関する当事者の認識と特別補償条項による対応の必要性

前記**2**および**3**のとおり、対象会社グループにおいて将来顕在化し得る税務リスクを当事者間で配分する方法として、表明保証条項による対応が考えられる。しかしながら、特に当事者が当該税務リスクの存在を認識している場合、表明保証条項による対応には以下のような限界がある。

すなわち、(i)税務DD等を通じて当該税務リスクの存在を買主が認識している場合、仮に当該税務リスクが顕在化した場合であっても、アンチ・サンドバッギング条項（または明確な条項が存しない場合等の法解釈）の下、売主による表明保証違反が成立せず、買主が救済を受けられない可能性がある（前記**4**(1)）。他方で、(ii)売主が税務リスクの存在を認識している場合、売主としては、当該税務リスクについて表明保証違反の責任を問われることを避けるため、開示別紙（Disclosure Schedule）において買主に開示した上で、表明保証の対象から除外するよう求めることが通常である。

このように、当事者が認識している税務リスクは、表明保証条項による対応に馴染まない。他方で、当該税務リスクを譲渡価額に反映する（譲渡価額を減額する）対応も考えられるが、SPA締結時点においては、（税法解釈の幅の存在および税務当局の執行実務の変化等に起因して）かかる税務リスクが将来顕在化するか否か、および顕在化した場合にどの程度の損失が生じるかを正確に見積もることが困難であるため、（当該税務リスクを反映した譲渡価額について）当事者間の合意形成に至らないことが通常である。そこで、このような場合には、後記イおよびウのとおり、特別補償条項による対応が図られることになる。

イ　特別補償条項の概要

　契約締結時点において、当事者間で既に認識されているリスクにつき、通常の補償とは別に特別のリスク分担を行うことを目的として定められる補償条項を「特別補償条項」という。たとえば、クロージング時点において対象会社グループに係る税務訴訟が係属中である場合や、税務DDにおいて対象会社グループにおける不適切な税務処理が検出された場合等には、クロージング後に対象会社グループが敗訴する、ないし更正処分等を受けることにより、（買主の傘下にある）対象会社グループが租税債務を負担する可能性がある。したがって、買主としては、対象会社グループが売主の傘下にある時点で生じたこのような税務リスクを売主に負担させるため、税務リスクが顕在化した際に買主側に生じる損失につき、売主が補償すべき旨の特別補償条項による対応を求めることになる。

　一般的に、（金銭的に重大なリスクを対象とすることが多い）特別補償条項に基づく補償について、通常の補償と同様の補償期間や補償金額等に係る制限（前記 **3** (3)および(4)参照）が適用されると、買主が十分な補償を受けられず、結果として、売主によるリスク負担が十分に行われないこととなる。したがって、買主の立場からは、特別補償条項に基づく補償に関しては、補償期間や補償金額等に係る制限を撤廃する、または通常の補償と異なる期間・金額等に係る制限の設定を求めることが多い[6]。

　他方で、売主の立場からは、特別補償の対象事由に関するリスクを無限定に負担することを避けるため、可能な限り当該対象事由を限定したいとのニーズがある。かかる利害関係に基づき、いかなる事項を特別補償の対象とすべきかは両当事者の交渉により決せられるが、最終的にはある程度金額的に重要性の高いものに限定されることも多く、これは税務に関する特別補償についても同様である。

---

[6] とりわけ、税務に関する特別補償条項については、本来売主側で適切に申告納税等が行われていれば負担すべきであった租税（の一部）を買主側が負担する合理的理由はないことから、少なくとも買主の立場からは、特段の限定なく全額の補償を求めるケースが多いと考えられる。

ウ　税務に関する特別補償条項に係る留意点

　税務に関する特別補償条項については、（買主が考える）対象会社グループに係る税務リスクの内容をSPA上明示的に規定することが、特に売主の立場から適切でない場合も多い点に留意が必要である。

　すなわち、買主に選任された税務専門家は、買主の利益を守るべき立場にあることから、対象会社グループに係る税務リスクを（相対的に見れば）保守的に評価するため、相手方である売主に選任された税務専門家との間で、当該税務リスクの顕在化の可能性についての評価が異なるとの事態が生じ得る。たとえば、税務DDにおいて検出された対象会社グループに係る税務上の懸念事項が、税務専門家にとっても判断が難しい事項（例：明確な判断基準が存しない対象会社グループにおける過去の組織再編成等に関する行為計算否認のリスク）である場合には、買主側の税務専門家が当該リスクの顕在化の可能性が十分にあると指摘する一方で、売主側の税務専門家は当該顕在化の可能性は低いと反駁するものの、明確な判断基準が存しない等の理由により、双方が相手方を理論的に説得することが叶わないとの事態が生じ得る。

　このような場合において、仮に税務に関する特別補償条項を設けることに売主が同意したとしても、SPA上、買主側の税務専門家が保守的に評価した税務リスクの内容を詳細に明記した場合、将来の税務調査等において、かかる詳細な記載が課税当局の目に留まることがあり得る。その結果、売主としては、理論的には当該リスクは重大なものではないと評価していたにもかかわらず、税務調査等において特別補償条項を発見した課税当局にて、（納税者が税務リスクの存在を予め十分に認識していたことに対する不信感等から）対象会社グループにとって不利な心証が形成されやすくなるといった形で、当該リスクの顕在化の可能性が実務上増大することにもなり得る。

　したがって、かかる実務上のリスクを避けるために、特に売主の立場からは、特別補償条項の文言について慎重に検討した上で、将来の税務調査等の際に課税当局に誤解を与える可能性を可及的に低減することが重要となる。

　なお、買主の立場からも、将来の課税関係や課税当局との関係への影

響等に鑑みると、上記の実務上のリスクは極力低い方が望ましい。した
がって、特別補償条項の文言上、懸念事項である税務リスクを売主が負
担することが担保されている（具体的には、課税当局に誤解を与えること
を恐れるあまり、文言が抽象的となり、売主が負担する税務リスクの内容が
不明確となるといった事態が生じない）限り、当該文言の調整に際して、
買主は売主に協力的であることが多いと思われる。いずれにせよ、案件
毎に繊細な検討が必要である。

(2)　補償条項に関するその他の税務上の基本論点
ア　概要

上述した補償が認められる範囲の限定（前記 **3** および **4**）および特別
補償条項の問題（前記(1)）に加えて、補償条項に関する税務上の基本的
な論点の例としては、次の 2 点が挙げられる。

イ　補償の税務上の取扱い

売主が買主に対して表明保証違反等に基づく補償を行う場合、補償金
を受け取る買主における法人税の課税関係については、(i)当該補償金を
損害賠償金として益金に算入する処理と、(ii)売買目的物である対象会社
株式の価値が低かったことが明らかとなったことに伴う譲渡価格の事後
的な減額調整（返金）として、買主における対象会社株式の取得価額を
減額する処理、の双方が考えられる[7]。

この点、補償金の税務上の取扱いが上記のいずれと取り扱われるかに
ついては、当事者の意思により決せられると考えられる[8]。そこで、実
務上は、当事者が補償金の支払いについて譲渡価額の事後的な減額調整
とする意思を有していたことを明確化するために、表明保証違反等に基
づく補償金の支払いが譲渡価額の調整としてなされる旨の確認規定を明
示的に設ける例が大半である。

---

7) これに対して、補償金を支払う売主の側では、当該補償金の額は損金算入されると考え
　られる（法人税基本通達 2-2-16 参照）。
8) 東京高判令和 3・3・11 判例集未登載参照。

　なお、補償金の支払いが対象会社株式に係る取得価額の減額として取り扱われるためには、補償金を受け取る者が（当該株式を保有する）買主であることが前提となる。したがって、補償金の支払先が対象会社（グループ）である場合には、対象会社（グループ）が当該補償金を代理受領するに過ぎないような場合を除き、かかる取扱いの前提を欠くことに留意が必要である。

　また、対象会社がクロージング後に消滅する場合（たとえば、買主と対象会社が所謂ポスト・マージャー・インテグレーション（PMI）として合併するような場合）には、対象会社株式が消滅するため、事後的に同株式に係る取得価額の減額を行うことの可否（すなわち、同株式の消滅前に遡って、当該取得価額の減額を行うことの可否）との論点が生ずる点にも留意が必要である。

ウ　税効果等を考慮した補償金額の調整

　補償金の支払事由となるような損害の発生に起因して買主または対象会社グループの租税負担を減少させるような税効果（Tax Benefit）（たとえば、損害の発生に伴う損金算入の効果ないし資産調整勘定の増額を通じた償却費の損金算入の効果）が生じる場合、かかる税効果を考慮して補償金額の減額調整を行う旨が規定されることが多い。当該規定を巡っては、たとえば、税効果が生ずる主体（買主に限定されているか、または対象会社グループも含まれているか等）、税効果の金額の算定方法（実効税率等を用いて計算するのか、または現実に減少した税額を参照するか等）、税効果を考慮する期間、補償金の支払いよりも後に税効果が発現した場合の処理、買主による税効果の獲得義務、といった論点が生じ得ることに留意が必要である。

　また、（売主側が責任を負担する）クロージング前の事業年度等に係る租税債務に関して、対象会社グループにて還付金（Tax Refund）が事後的に生じた場合や、対象会社グループにおいて利用可能な繰越欠損金等が事後的に増減した場合に、これらを補償金額の算定等においてどのように考慮すべきかとの問題も存在し、案件毎に、対象会社グループが有する繰越欠損金の重要性等に応じた検討が必要となる。

以上の税効果等を考慮した補償金額の調整等については、事後的な紛争を避けるため、SPAにおいて明確な規定を設けることが望ましいと考えられる[9]。

6　誓約条項（Covenants）

(1)　概要
　誓約条項ないしコベナンツ（Covenants）は、欧米の契約法に由来する概念であり、契約の当事者の一方が相手方当事者に対して、一定の作為または不作為を約する合意である。日本法上は、株式の売買契約上の中心的な義務（株式の権利移転および譲渡対価の支払い）に付随する契約上の義務ないし債務と解されることが一般的である。
　誓約条項は、その履行ないし遵守の時期に応じて、(i)クロージング前の誓約ないしプレ・クロージング・コベナンツ（Pre-closing Covenants）と、(ii)クロージング後の誓約ないしポスト・クロージング・コベナンツ（Post-closing Covenants）に分類して規定されることが一般的であり、それぞれ機能および効果が異なる[10]。
　以下では、誓約条項に関する税務上の基本的な論点として、(i)税務に特有の誓約（補償）条項としてのクロージング前の租税債務の負担に関する条項、および(ii)クロージング後の誓約としての将来の税務調査・争訟への対応に関する条項について解説する。

---

9)　わが国の学説および判例上認められている損益相殺（債務不履行または不法行為によって債権者または被害者が損害と同時に利益を得た場合、当該利益分を損害賠償金の金額から控除すべきとの原則）の考え方に類似するものであるが、SPA上の補償の性質が債務不履行や不法行為に類似するものであるかは必ずしも明らかでないため、税効果等を考慮した補償金の調整を行うためには明確な規定を設けることが必要と考えられる。

10)　例えば、クロージング前の誓約については、違反の法的効果として、補償による損害填補に加えて、前提条件（Condition Precedent: CP）の不充足による取引の中止ないし契約解除が認められることが一般的であるが、クロージング後の誓約については、補償による損害填補のみが認められることが通常である。

⑵　税務に特有の誓約（補償）条項──クロージング前の租税債務の負担

　税務に特有の誓約条項として、対象会社グループにおいて、クロージング前までの期間に係る租税債務がクロージング以後に発生した場合に、これに対応する金額の金銭を売主から買主に対して支払う旨が合意される場合がある（なお、同様の規定が、補償条項において、通常の補償（ないし特別補償）とは別途に設けられる場合もある）。これらは、当事者に契約上の義務を課し、その違反に対して金銭填補を認める規定ではなく、経済的公平の観点から租税負担に係る精算自体を直接的な義務とする規定であって、その意味で一般的な誓約条項や補償条項とはやや性格が異なる[11]。なお、当事者間の経済的公平を図るとの趣旨に鑑み、特別補償条項と同様に（前記 **5**⑴）、補償期間や補償金額等に係る限定について、通常の補償とは異なる定めが設定される例も存する。

　これらの規定により、表明保証条項では対応が難しい申告・納付期限未到来の租税債務（前記 **4**⑵参照）についても、当事者間において適切に分担することが可能となる。なお、かかる規定を設ける場合、(i)どのような基準によりクロージング前までの期間に係る租税債務の金額を計算するかについて、問題となる税目毎の検討が必要となる[12] ことに加えて、(ii)価格調整条項において既に考慮されている部分等との間に2重考慮が生じないよう、適切な調整規定を設ける必要がある[13]。

---

11) このような性格等を考慮して、実務上、かかる規定を税務コベナンツ（Tax Covenants）ないし税務補償（Tax Indemnification）条項と呼ぶこともある。

12) クロージング日の前日を終了日とする事業年度を契約上でのみ疑似的に観念した上で計算する方法（法人税等）や、期間按分する方法（固定資産税等）等が考えられる。

13) 本文に記載した点以外にも、対象会社グループにおいて生じた租税債務を売主に経済的に負担させるとの機能面において、価格調整条項、表明保証条項、特別補償条項、誓約（補償）条項等は重複して作用し得るため、(i)いずれの規定が優先して適用されるかを明確にするとともに、(ii)買主が二重に救済を受けることのないよう、規定相互の関係について慎重な検討が必要となる。

⑶　クロージング後の誓約——将来の税務調査・争訟への対応
ア　問題の所在

　前述のとおり、買主の立場からは、特に対象会社グループに対する税務DDが十分に実施できず、または当該税務DDにおいて税務上の懸念事項が検出された場合、（売買目的物である）対象会社株式の価値に影響を及ぼすような税務上のリスクを売主側に負担させたいというニーズがある。そこで、表明保証条項、特別補償条項、誓約（補償）条項等を通じて、かかる税務上のリスクの売主による負担が図られることとなる。

　ここで、かかる税務リスクが最終的に顕在化するか否かは、クロージング後の税務調査およびその後の税務争訟（再調査の請求、審査請求および税務訴訟）等を通じて決定されるため、これらの手続における納税者側の対応が重要となる。しかしながら、クロージング後においては、納税者である対象会社グループは買主の傘下に入るため、(i)売主においては、上記の税務リスクの負担者であるにもかかわらず、これらの手続において、自らの責任の最小化のために対象会社グループをコントロールする権利を法的に失うことになる一方、(ii)買主においては、自らは税務リスクを負担しないことから、これらの手続に関して真摯に対応するインセンティブを失う可能性がある、との問題が存在する。

イ　クロージング後のコベナンツによる対応

　前記アの対象会社グループに係る税務リスクの負担者（売主）と税務調査・争訟に対応する主体（買主）の乖離によるモラルハザードの問題を解決するため、クロージング後の誓約として、売主が税務リスクを負担する対象会社グループの事業年度等に係る税務調査・争訟については、なお売主が対応を主導する権限を有する旨合意されることがある。具体例としては、(i)売主による手続のコントロール（買主に対する防御行動の要請権、売主指定の専門家（弁護士・税理士等）による対応等）、(ii)買主から売主に対する協力義務（情報共有、対象会社グループの帳簿書類等へのアクセスの確保等）、(iii)買主による一定の行為の禁止（売主の同意のない修正申告その他の課税当局への書類の提出または争訟の終結の禁止等）等を規定することが考えられる。

　他方で、売主が税務調査・争訟対応をコントロールする場合、売主による不適切な対応により、対象会社グループが過去から一貫して採用している税務ポジションに関して納税者に不利な判断がなされる等、対象会社グループにおけるクロージング後の期間等に係る課税関係に悪影響が生じる可能性がある。また、買主が保有している対象会社グループに関して、売主の意向により税務争訟を提起し、当該税務争訟に関する事実が対外的（消費者等）に認知された場合、その内容次第では、買主のレピュテーションリスクとなり得る。したがって、買主の立場としては、このような事態を避けるため、売主による上記の税務調査・争訟対応に関与する権利を留保する必要がある。具体例としては、(iv)売主から買主に対する情報共有、(v)買主による税務調査・争訟対応への参加権、意見陳述権、(iv)買主の同意のない争訟の終結の禁止等を規定することが考えられる。

　以上については、税務独自の規定を設けるのではなく、所謂第三者請求（Third Party Claim）条項[14]において統一的に対応されるケースも多い。しかしながら、このような場合であっても、第三者請求条項が税務に関する各種の手続をカバーする内容となっているか、また上述した点に照らして当事者の利益保護の観点から不十分な内容となっていないかといった観点から、慎重な確認が必要となる。

　なお、売主による手続のコントロール権を認める場合に、法的には第三者である売主が実際にどのような形で対象会社グループの税務調査・争訟対応をコントロールできるかという点については、訴訟法、業法その他の関連法令等の規定についても慎重な検討が必要となる。たとえば、税務調査に関しては、(i)売主が納税者である対象会社グループを代理することは税務代理行為として税理士法に抵触し、(ii)第三者として税務調査に立会することは課税当局により拒否されることが通常であるため、売主が直接関与することは困難である。したがって、たとえば、売

14）補償を受ける当事者（または対象会社（グループ））が第三者から請求を受けまたは訴訟を提起された場合等に、補償義務を負う当事者に手続への関与の機会を与えるための条項をいう。

主指定の専門家を対象会社グループの税務代理人として選任するといった対応を検討する必要がある。また、クロージング日の属する事業年度等を対象とする税務調査等については、売主と買主の双方が税務リスクを負担することになるため、いずれが手続をコントロールするかにつき、個別案件毎の検討が必要となる。

7　おわりに

　本章では、SPAにおける税務に係る表明保証条項、補償条項および誓約条項をレビューする際の基本的な留意事項について概説した。SPAを税務の観点からレビューする際の留意事項は、本章にて概説したもの以外に多数存在するため、法務担当者においては、本章に記載した基本的事項を踏まえ、案件の規模等に応じて税務専門家の関与を求めた上で、慎重な検討を行うことが望ましい。

その他の契約
（不動産取引に関する契約・和解契約）

◇◇

1　はじめに

　本章では、前章までに取り上げてこなかった契約のうち、特に、法務担当者として目にする機会もあると思われる不動産取引に関する契約および和解に関する契約を取り上げる。

　不動産取引に関する契約は、法務担当者が一度は目にする機会のある契約類型である。ただし、一口に不動産取引といっても、単純な売買および賃貸借から、不動産の信託を用いたノン・リコースローンや不動産投資法人や特定目的会社を用いた取引など、不動産に関する取引にはさまざまなものがあり得る。本章においては、基本的な取引である売買および賃貸借を取り上げ、これらの取引を行うに際して、税務上留意すべき点について概説する。

　また、会社が紛争にまきこまれた場合、ほとんどのケースにおいて法務担当者が当該紛争を担当することになると想定される。これらの紛争は和解で終結する場合も多いと想定されるが、和解に際して、税務上の取扱いを意識しなかったことで会社として思わぬ負担が生じることもあり得る。本章においては、和解契約に基づく支払いの税務上の取扱いについて概説する。

2　不動産に関する売買契約

　売買契約は、目的物を有償で売り渡す契約である（民法 555 条）。売買契約の課税に関して一般的に問題となり得る点は、第 6 章において取り上げたので、ここでは、不動産の売買契約の課税において特に留意すべき点を中心に説明する。

(1)　法人税

　売買契約では、譲渡を行った法人（売主）においては、譲渡対価を益金に算入し、これに要した原価等[1] の費用を損金に算入することにより、その差額について譲渡損益課税がなされる[2]。当該不動産等が固定資産である場合には、その譲渡に関する収益の額は、原則その引渡しのあった日の属する事業年度の益金に算入するものとされている（法人税基本通達 2-1-14）。この「引渡しの日」は、相手方が検収した日、相手方において使用収益ができるようになった日等、取引内容に応じてその引渡しの日として合理的であると認められる日のうち、法人が継続してその収益計上を行うこととしている日によるものとすることとされている（同通達 2-1-2 前段）。また、譲渡対象が土地または土地の借地権等の土地の上に存する権利の場合には、(i)代金のおおむね 50％以上を収受した日または(ii)所有権移転登記の申請日のうち、いずれか早いほうの日に引渡しがあったものとされるのが原則であるが、例外として、契約の

---

1) 法人税法上、資産の購入対価および資産を事業の用に供するために直接要した費用の額（仲介手数料等）は取得価額として計上する必要がある（法人税法施行令 54 条）が、不動産取得税および登録免許税その他登記のために要する費用（司法書士費用等）については、取得原価として計上する必要はなく、当期の費用とすることができる（法人税基本通達 7-3-3 の 2）。

2) なお、法人が国内に所在する土地の譲渡を行った場合には、当該譲渡による所得について法人税率を加算する旨の規定もある（租税特別措置法 62 条の 3、63 条）が、当該規定の適用は、令和 5 年 3 月 31 日まで停止されている（同法 62 条の 3 第 15 項、63 条 8 項）。

効力発生日において収益計上を行っている場合にはこれも認められることとされている（同通達 2-1-2 後段）。

　特に、契約締結と不動産の引渡日が年度をまたがる場合には、法務担当者としては、収益認識の日を考慮しつつ、契約上代金決済および引渡日がどのように定められるのがよいのかを経理部門等と連携の上、確認する必要がある。

(2)　源泉所得税

　国内の不動産の売買契約に関しては、内国法人間または国内の居住者との間で行われる場合には源泉徴収が問題となるケースは通常想定されない。これに対して、クロスボーダーの不動産の売買契約においては源泉徴収が必要となるケースが存在するため、注意が必要となる。

　内国法人が日本国内に所在する不動産を非居住者や外国法人に譲渡する場合には、内国法人は代金を受領する立場にあるため、当該内国法人の源泉徴収義務は問題とはならない。ただし、国外の不動産を譲渡する場合には、一般的には不動産の所在地国における課税が問題となるため、この点留意する必要がある。

　内国法人が、日本国内の不動産を非居住者や外国法人から購入する場合には、原則として、その支払代金の 10.21％を源泉徴収し、国に納付する必要がある[3]。なお、一定の国内源泉所得の支払いに係る源泉徴収義務がある場合であっても、相手方である外国法人が、日本に支店等の恒久的施設（Permanent Establishment：PE）を有しており、かつ所轄の税務署長より一定の要件を具備していることについて証明書の交付を受け、当該証明書を支払者に提示した、国内源泉所得の支払いにつき源泉徴収を不要とする特例が存在することは、第 6 章でも述べたところである。しかしながら、不動産の譲渡所得についてこの特例が適用されるのは、相手方が外国法人でかつ当該不動産が日本国内の信託銀行等に信託されて

---

3) 所得税法 161 条 1 項 5 号、164 条、178 条、179 条 2 号、212 条 1 項・2 項、東日本大震災からの復興のための施策を実施するために必要な財源の確保に関する特別措置法（以下「復興財源確保法」という）28 条。

いる場合に限定されており、非居住者・外国法人から直接譲渡を受ける場合には源泉徴収の免除はない点に留意する必要がある（所得税法180条）。なお、支払いについて源泉徴収義務がある場合であっても、日本と取引の相手方の租税条約により免除または減額される場合もあるが、不動産取引については、一般的には減免の対象とはならないため、国内法に基づく課税がそのまま行われる。

　法務担当者としては、外国法人または非居住者から国内の不動産を購入する旨の売買契約を締結する場合には、譲渡対価の規定において、(i)支払者は源泉所得税額控除後の金額を支払えば足りることとするか、または(ii)いわゆるグロスアップ条項[4]を設けるか否かを、契約締結過程での交渉内容を踏まえて検討する必要があることになる。この点が明確にされないまま支払いがなされ、事後的に源泉徴収漏れが発覚したような場合には、源泉所得税相当額の返還等をめぐって紛争が生じる可能性もある。

　なお、第6章でも述べたとおり、源泉徴収された税額は、国際的な二重課税を防ぐため、対価の受領者（売主）の居住地国における法人税等の額から控除されることが通常である（外国税額控除）。それゆえ、(i)国内租税法や条約上の課税の減免を受けるための手続や、(ii)外国税額控除について必要となる手続等に関して、相手方に一定の協力義務を課す条項を定めることを検討する必要がある。

(3)　消費税

　消費税の課税対象は、(i)国内において事業者が事業として対価を得て行う資産の譲渡、貸付けおよび役務の提供、ならびに(ii)保税地域からの外国貨物の引取り（輸入取引）とされている（消費税法4条1項・2項）（以下「資産の譲渡等」という）。国内の不動産の売買取引は資産の譲渡等に該当し、消費税課税の対象となるようにも思われる。

---

4) グロスアップ条項とは、源泉徴収等が行われなかったとすれば売主が得られたであろう金額を支払う（すなわち、手取額を合意された譲渡対価の額とする）条項であり、この場合、源泉徴収税額は支払者（買主）が負担することとなる。

しかし、土地または土地の上に存する権利（地上権、土地の賃借権、地役権、永小作権などの土地の使用収益に関する権利）の譲渡は消費税の課税の対象とならないこととされている（消費税法6条1項、別表第一）。一方、同じ不動産でも建物の譲渡については消費税の課税対象となる。

法務担当者としては、契約書における譲渡対価の定めにおいて、当該対価が消費税込みなのかそれとも含まないのか（消費税の負担者）を明確にした上で、土地と建物の内訳を明確にして、消費税の算定に疑義が生じないようにすることが重要である。

⑷ その他

売買契約に関して問題となるその他の税目として、印紙税、登録免許税、固定資産税、不動産取得税が挙げられる。

ア 印紙税

印紙税は、課税対象となる文書を作成した際に課せられる。不動産の譲渡ならびに不動産の地上権および賃借権の譲渡（建物の譲渡に伴う賃借権の譲渡も含まれる）に関する契約は課税物件として定められている（印紙税法2条、別表第一）。課税標準および税率は**表**のとおりとなって

表　印紙税の課税標準および税率

契約金額	税額（本則）	軽減税率 （令和6年3月末まで）
10万円以下および契約金額の記載のないもの	200円	200円
10万円超　50万円以下	400円	200円
50万円超　100万円以下	1,000円	500円
100万円超　500万円以下	2,000円	1,000円
500万円超　1,000万円以下	1万円	5,000円
1,000万円超　5,000万円以下	2万円	1万円
5,000万円超　1億円以下	6万円	3万円
1億円超　5億円以下	10万円	6万円
5億円超　10億円以下	20万円	16万円
10億円超　50億円以下	40万円	32万円
50億円超	60万円	48万円
1万円以下	非課税	非課税

いる。なお、令和 6 年 3 月 31 日までの間に作成される不動産売買契約書については印紙税の軽減措置がとられている[5]。

イ　登録免許税

不動産売買の取引を行った際には、その対抗力を取得する（民法 177 条）ため、一般的には不動産登記を行うことになると想定されるが、登記に際しては登録免許税が課せられる。登録免許税は、不動産売買の場合には、通常は不動産価額の 2% であるが（登録免許税法 2 条、別表第一）、土地に関しては時限措置として令和 5 年 3 月末までは不動産価額の 1.5% とされている（租税特別措置法 72 条 1 項 1 号）。なお、ここにいう不動産の価額には、固定資産税評価額が用いられる。

登録免許税は、法令上売主と買主が連帯して納付する義務を負うこととされている（登録免許税法 3 条）が、取引実務上は通常買主負担とされることが多い。ただし、法令上の連帯納付義務もあることから、負担者についても契約上明記するのが適切である。

ウ　固定資産税・不動産取得税

固定資産税は、毎年 1 月 1 日に不動産登記において所有者として登記されている者に課される（地方税法 343 条、359 条）。年の途中において不動産が譲渡される場合でも、納税義務者は売主となるのであるが、固定資産税は、不動産の所有に対して課される税であることから、不動産が譲渡される場合、日割りで、買主が所有することになる期間について、固定資産税相当額を買主が負担する旨契約で定められることが多い。法務担当者としては、契約を確認するにあたっては固定資産税の負担について適切に割り振られているかを確認する必要がある。

また、不動産を取得した際には、不動産取得税が課される（地方税法 73 条の 2）。不動産売買にあたっては、買主がこれを負担することになるので、不動産取引を行うにあたっては、この点についても認識しておく必要がある。

---

5) 租税特別措置法 91 条。

3　不動産賃貸借契約

　賃貸借契約は、当事者の一方が物の使用および収益を相手方にさせることを約し、相手方がこれに対して賃料を支払うことおよび引渡しを受けたものを契約終了時に返還することを約する契約である（民法601条）。

　不動産の賃貸借契約を行う場合には、以下の点について留意すべきこととなる。

(1)　源泉所得税

　賃貸借においては、貸し手の法人は、受領した賃料を益金に算入し、これに要した費用を損金に算入する。借り手の法人は、支払った賃料を損金に算入することとなる。

　内国法人が、国内の不動産を内国法人または居住者に賃貸した場合および内国法人または居住者から賃借した場合においては、賃料について源泉徴収が問題となることはない。しかし、国内の不動産を非居住者または外国法人より賃借した場合、その賃貸料の支払いに際しては、その賃料の20.42％を源泉徴収する必要がある[6]。ただし、売買の場合と異なり、賃貸人である外国法人または非居住者が日本に支店等の恒久的施設を有している場合、所轄の税務署長より一定の要件を具備していることについて証明書の交付を受け、当該証明書を支払者に提示することを条件として、国内源泉所得の支払いにつき源泉徴収を不要とする特例の適用がある（所得税法180条、214条）。なお、支払いについて源泉徴収義務がある場合であっても、支払いの種類によっては日本と取引の相手方の居住国の租税条約により減免される場合もあるが、不動産取引につ

---

[6] 所得税法161条1項7号、164条、178条、179条1号、212条1項・2項、復興財源確保法28条。なお、実務的には、所有者が外国法人の場合は日本に子会社を設立し、当該子会社にマスターリースする等して、日本の子会社を賃貸人として源泉徴収の問題を避ける場合が多いと想定される。

いては、一般的には減免の対象とはならない。

　不動産賃貸借に関して留意すべきは、賃借している不動産が信託され
ている場合である。賃借している不動産が、受益者等課税信託（法人税
法 12 条 1 項本文）の信託財産である場合において、受益者が国内に恒
久的施設を有しない外国法人である場合、賃借人はその賃料について源
泉徴収すべき旨の解釈が国税当局より明らかにされている[7]。この場
合、賃貸人は受託者である信託銀行等となると想定されるが、賃借不動
産が信託財産である場合には、受益者が非居住者・外国法人であるかに
ついても確認し、源泉徴収義務の要否について確認すべきである。

　法務担当者としては、不動産の賃貸借契約を確認するにあたっては、
当該賃料の支払いについて源泉徴収が必要となるか否か確認し、仮に、
源泉徴収が必要となる場合には、非居住者または外国法人から不動産を
賃借する賃借料の規定において、(i)支払者は源泉所得税額控除後の金額
を支払えば足りることとするか、または(ii)いわゆるグロスアップ条項を
設けるか否かを、契約締結過程での交渉内容を踏まえて検討する必要が
ある。

⑵　消費税

　不動産の賃貸借取引も、資産の譲渡等に該当し、消費税の課税対象と
なることが原則である。この点、建物の賃貸借は消費税の課税取引と
なっているものの、土地の賃貸借は、賃借期間が 1 カ月に満たない場
合および駐車場等の賃貸借の場合を除き、非課税取引として消費税の課
税対象より除かれている[8]。

　法務担当者としては、契約書を確認するにあたっては、消費税の課税
対象取引に該当するのかを確認の上、該当する場合には、消費税の取扱
いについて明確となっているかを確認すべきである。

7）平成 29 年 4 月 28 日付東京国税局文書照会事例（https://www.nta.go.jp/about/
　organization/tokyo/bunshokaito/gensen/170428/index.htm）。
8）消費税法 6 条 1 項、別表第一、同法施行令 8 条。

⑶ その他

その他不動産の賃貸借取引において問題となり得るものとしては印紙税がある。この点、土地の賃貸借契約については印紙税の課税物件となる（印紙税法2条、別表第一）一方、建物の賃貸借契約は印紙税の課税物件とはならないので注意が必要である。

4 和解契約

和解契約は、当事者が互いに譲歩をしてその間に存する争いをやめることを合意することによって成立する契約である（民法695条）。和解によって授受される金銭の課税は、その支払いの性質を客観的に検討することで定められることになるので注意が必要である[9]。実際、判例でも、和解によって支払われた金銭の税務上の取扱いが争われたケースで、「裁判上の和解により当事者の一方が相手方に対して負担した給付義務の内容は、和解調書の文言の解釈によって定まるところ、その文言の解釈にあたっては、一般の法律解釈と同様に、文言とともにその解釈に資するべき他の事情も参酌して当事者の真意を探求し、その権利義務の法的性質を判断する必要がある」旨判示されている[10]。

⑴ 法人税

ア 法人が和解金を受領した場合

個人が紛争によって損害賠償金を受領した場合には、これを非課税所得とする旨の規定があるが（所得税法9条1項18号）、法人の場合には、このような規定はないので、法人が和解により受領する金銭は、損害賠償金等を含め、益金に算入されることとなる（法人税法22条）。

ただし、受領した金銭が、損害賠償金なのか、他の性質を持つ金銭な

---

9) 所得税基本通達161-46は、源泉徴収の対象となる支払対価等は、当該対価等として支払われるものばかりでなく、当該対価等に代わる性質を有する損害賠償金その他これに類するものも含まれるとし、この旨を明らかにしている。
10) 東京高判令和3・3・11判例誌未登載。

のかは問題となり得る。

　裁判例では、株式売買に関する契約の表明保証条項違反により提起された訴訟において支払われた和解金について、それが損害賠償なのか、それとも株式の売買代金の調整金なのか（株式の取得価額の減額）が争われた下記の事例がある。

東京高判令和3・3・11 判例集未登載

　当該事例においては、対象会社の株式は上場しており、買収は公開買付により行われた。その際、対象会社の代表取締役（S氏）が、売主として、その所有する普通株式について公開買付に応募する旨の契約（「本件応募契約」）を買主との間で締結したが、本件応募契約において、①対象会社の計算書類が一般に公正妥当と認められる会計原則に従って作成され、対象会社の財務状況を正確に表示していることについて売主が買主に表明・保証することおよび②売主が表明保証条項への違反に基因して買主に生じた損害を補償することなどが定められていた。しかし、買収後に対象会社の不適切な会計処理が判明したため、買主は、本件応募契約における売主である対象会社の当時の代表取締役（S氏）および対象会社の当時のもう一人の代表取締役（A氏）を相手に損害賠償請求を求める訴えを提起した。当該訴訟における買主のS氏に対する請求は損害賠償請求であり、その根拠は以下のとおりであった。
・表明保証条項違反に基づく責任
・取締役の第三者に対する責任（会社法429条1項、430条）
・不法行為責任（民法709条、719条）
・平成26年改正前の金融商品取引法22条1項に基づく責任
また、買主のA氏に対する請求も損害賠償請求であり、その法的根拠は以下のとおりであった。
・取締役の第三者に対する責任（会社法429条1項、430条）
・不法行為責任（民法709条、719条）
・金融商品取引法22条1項に基づく責任
なお、A氏は、訴訟の係属中に対象会社の取締役であったB氏に対して訴訟告知をし、B氏はA氏の補助参加人として補助参加した。
当該訴訟において、以下の条項を含む和解条項にて和解が成立した。
①　S氏、A氏およびB氏が原告（買主）に対して解決金として連帯して
　　1億4000万円の支払い義務を有することを確認する旨の条項
②　原告と被告ら（注：S氏およびA氏）および補助参加人（B氏）は、

①の解決金の支払いは、原告による対象会社の株式の取得対価が過大
であったことを理由とするものであることを確認する旨の条項
③　原告はS氏およびA氏に対するその余の請求を放棄する旨の条項
上記の和解契約に基づき支払われた解決金について、東京高裁は、概要
以下のとおりの点を判示して、解決金は損害賠償としての性質を有する
ものとして、その額を買主の益金の額に算入すべきものとした。

1　判旨
(1)　本件和解のもととなった別訴の訴えについて
「一般的に、株式譲渡契約における表明保証条項違反の保証金の性質につ
いては、損害賠償金、譲渡価格の調整（減額）のいずれの考え方もあり
うるとされている……ところ、……本件別訴における訴訟物には譲渡価
格の調整（減額）としての表明保証条項違反の補償金請求が含まれてい
ない。」
「譲渡価格の調整としての表明保証条項違反による補償金（売買代金の減
額分）であるといった法的構成の下に本件解決金の支払を求める旨の明
確な表示があったとはいえない」
「本件別訴における訴訟物には譲渡価格の調整としての表明保証条項違反
の補償金請求が含まれていないうえ、……譲渡価格の調整としての表明
保証条項違反による補償金（売買代金の減額分）であるといった法的構
成の下に本件解決金の支払を求める旨の明確な表示があったとはいえな
い」

(2)　本件和解について
「売買代金の減額分を返還するのであれば、その支払義務は本来的には売
主……のみが負うものであるが、本件和解においては、……支払義務は、
区別されることなく全体として一つの連帯債務として構成されている」
「A氏及びB氏が1000万円ずつの支払を……している」
「売買代金の一部返還であることに控訴人［筆者注：買主］が強く固執し
ていたのであれば、損賠賠償の連帯債務と解釈される可能性が極めて高
い本件和解条項第1項等を法律の専門家である本件別訴の原告ら代理人
弁護士や企業会計及び税務の専門家である控訴人の公認会計士がそのま
ま採用していたのは不可解である」
「本件和解条項第2項には、『原告……による原告……の株式取得』の対
価が過大であった旨も記載されており、対象となる株式を……限定して
いない。売買代金の減額分であるというのならば、より端的に本件和解
条項第2項に取得対価が過大であった旨を支払の理由として明記すれば

足りる」
「本件和解条項第 2 項の内容である『本件解決金の支払は控訴人による対
象会社の株式の取得価額が過大であったこと』を理由とするとの文言は、
本件解決金の法的性質が損害賠償の実質を有することとも十分に整合す
る」
「（S氏、A氏及びB氏）において、本件解決金につき、〔A氏及びB氏〕が
本来的に債務を負担しないことを前提とした検討がされた形跡はな」い。
「本件解決金の法的性質が……売買代金の減額であったというのであれ
ば、……同株式の売買契約の当事者である控訴人（筆者注：買主）とS氏
との間において代金減額に関する具体的な話し合いがもたれて然るべき
……。ところが……本件解決金の法的性質が当事者間で具体的に議論さ
れたという経緯も見当たらない」

2　結論
「本件解決金は損害賠償金の性質を有する金員であり、……本件解決金の
額は、……益金の額に算入すべき金額となる。」

　当該事例においては、裁判所は、買主による売主に対する訴えの請求
原因や、訴えを起こした相手（売主のみならず、ともに代表取締役を務め
ていた別の取締役に対しても訴えを起こし、損害賠償に基づく支払いを連帯
して行うよう求めていた等）、和解条項の内容を検討の上、これらの事実
は、支払われた和解金の性質が譲渡価格の調整であることとは整合せ
ず、支払われた和解金の性質は、損害賠償金であると結論づけた。すな
わち、株式の取得価額の調整金であれば、受領した金銭は益金とされな
かったが、損害賠償金として認定されたため、和解金の受領者たる買主
に対する課税が是認されたものである。
　法務担当者としては、株式譲渡契約書等における譲渡価格の調整条項
の定めを適切に規定するほか、株式譲渡契約等における表明保証条項違
反による責任追及を行う際には、それに基づき受領する金銭の税務上の
取扱いまで考慮に入れた上で、いかなる請求原因による請求を行うのか
等について、慎重に検討することが適切であると考えられる。

イ　法人が和解金を支払った場合
　一方、法人が他人に損害を与えたことにより支払うこととなる損害賠

償金は、原則として法人の損金に算入される。

　しかし、その役員または使用人（従業員等）の行為によって他人に与えた損害につき法人が損害賠償金を支出した場合については、それが①法人の業務遂行に関連するものか、②発生が当該従業員等の故意または重過失に基づくか否かで法人税法上の取扱いが変わり得る。すなわち、①損害賠償の原因となった行為が法人の業務遂行に関連するものであり、かつ、従業員の故意または重過失に基づかないものである場合には、損害賠償金は法人の損金とされ、②損害賠償の原因となった行為が法人の業務遂行に関連しないか、または当該従業員等の故意もしくは重過失に基づくものである場合は、損害賠償として支出した金額は、法人の損金とはできず、従業員等への債権となる[11]（法人税基本通達9-7-16）。

　そして、従業員に対して求償すべき債権について法人が債権放棄等により求償しない場合には、①当該従業員等の支払能力などから判断して回収が確実であるのにしない部分については、当該従業員等に対する給与として税務上取り扱われ、②当該従業員等の支払能力などから判断して負担させることができないためやむを得ず負担した場合には、法人の損金となるものとされている（法人税基本通達9-7-17）。

　上記の取扱いは、和解契約に際して問題となるものではないが、和解契約に基づき損害賠償を行った場合において、従業員等への求償を行うか否かを検討する際に留意しておくと有益な点であると考えられる。

(2)　源泉所得税

　和解によって授受される金銭に関する課税は、契約上の文言を基本にその性質決定がされるとはいえ、必ずしもこれに拘束されることなく、

11）なお、民法上は、従業員等に故意または重過失がなければ求償できないわけではない（民法715条参照）。しかし、求償そのものは、「事業の性格、規模、施設の状況、被用者の業務の内容、労働条件、勤務態度、加害行為の態様、加害行為の予防若しくは損失の分散についての使用者の配慮の程度その他諸般の事情に照らし、損害の公平な分担という見地から信義則上相当と認められる限度において」可能であることとされており、信義則により求償額の減額がされ得る（最一判昭和51・7・8民集30巻7号689頁）。

紛争に係る諸事実を考慮の上、授受される金銭の課税上の性質を検討することによって行われる。以下、問題となり得るケースについて概観する。

ア　知的財産権侵害に関する紛争の和解

知的財産権侵害による損害賠償請求は、不法行為による損害として民法 709 条に基づく賠償請求も可能である。しかし、知的財産権が侵害されても権利者自身の実施が可能であり、重畳的な利用が可能であるし、また、たとえば特許であれば、仮に相手方が侵害行為を行わなかったとしたら、同量の特許発明の実施品を権利者が製造して売り上げることができたのかを決することは難しい等、知的財産権侵害を理由とする損害額の主張・立証およびその算定は困難であることが多く、侵害されたと主張する原告がこれを立証することには困難が伴う。そこで、特許法、著作権法などの知的財産に関する各法律は、損害の推定規定を置いており[12]、実務上はこれらの規定に基づいて損害額の算定が行われる。これらの規定のなかには、侵害行為により受けた利益および当該権利の実施や行使に対して受けるべき額も損害と推定する旨の規定があり[13]、当該規定に基づき算定された損害額は知的財産権の使用料としての性質を有するものと解される可能性は非常に高い。

内国法人に対して、これらの支払いを行う場合には、源泉徴収の対象とはならない。しかし、個人である居住者に対してこれらの支払いを行う場合には支払者に源泉徴収義務がある（所得税法 204 条 1 項 1 号）。

また、非居住者または外国法人にこれらの支払いを行う場合には、支払額の 20.42％を源泉徴収する必要がある[14] 場合があるので注意が必要である。すなわち、所得税法は、知的財産権の使用が内国法人の国内業務に関して行われる場合に、その使用料を国内源泉所得として（所得税法 161 条 1 項 11 号）、支払者に源泉徴収義務を課している（使用地主

12）特許法 102 条、著作権法 114 条、商標法 38 条等。
13）特許法 102 条 2 項・3 項、著作権法 114 条 2 項・3 項、商標法 38 条 2 項・3 項等。
14）所得税法 161 条 1 項 11 号、164 条、178 条、179 条、212 条 1 項、213 条 1 項 1 号。

義)。ただし、知的財産権の使用料については、租税条約によってその
源泉所得税額が減免の対象となる可能性がある。たとえば、日米租税条
約においては、使用料は、居住地国においてのみ課税がされるものとさ
れており（日米租税条約 12 条）、したがって、米国の居住者および米国
法人に支払いを行う場合には、源泉徴収は不要となる。この場合、手続
としては租税条約に関する届出書を支払者の所轄税務署に提出する必要
がある。

　一方、租税条約によっては、使用料の源泉地について国内法と異なる
定めを有しているものがあり、かつ、そのような租税条約の中には源泉
地国における税の免除を定めていないものがある。かかる条約の相手国
の居住者となっている個人または法人に知的財産権の使用料となるべき
和解金を支払う場合には注意が必要となる[15]。

　たとえば、日韓租税条約は、「使用料は、その支払者が一方の締約国
の……居住者である場合には当該一方の締約国内において生じたものと
される」（日韓租税条約 12 条 4 項）と規定しており、国内業務に関する
ものであるか否かにかかわらず、支払者が締約国の居住者であれば、当
該締約国が源泉地であるとする債務者主義の原則を採用する旨明らかに
している。

　所得税法上、租税条約において国内源泉所得について異なる定めがあ
る場合には、租税条約の規定が優先する旨規定されていることから（所
得税法 162 条 1 項）、使用料の源泉地は、国内業務に関するか否かにか
かわらず、支払者によって判断される[16]。

　日韓租税条約上、使用料に係る租税の税率は 10％とされているため、

15）租税条約における使用料の源泉地に関する定めとしては概ね以下のようなものがある。
　(1)　所得税法と同様、使用地主義を採用している条約
　(2)　日韓租税条約のように、債務者主義の原則を採用する条約
　(3)　使用料の源泉地について、使用地主義または債務者主義のいずれをとるかを表明し
　　　ていない条約
　上記のうち、(1)の締約国の居住者に支払われる使用料については、所得税法と同様、使
　用地によって源泉地が判断されることとなり、(2)の締約国の居住者に支払われる使用料
　については、本文に記載のとおり、支払者の居住地により源泉地が判断されることとな
　る。一方、(3)の締約国の居住者に支払われる使用料については、国内法、すなわち使用
　地主義に基づいて判断される。

内国法人が韓国法人に使用料を支払う際には、使用地の如何にかかわらず、10％の源泉徴収義務が生じることとなる。なお、この場合、10％は租税条約による軽減税率であるため、手続としては租税条約に関する届出書を支払者の所轄税務署に提出する必要がある点に留意する必要がある。法務担当者としては、和解契約を確認するにあたっては、支払いが源泉徴収の対象となる場合には、(i)支払者は源泉所得税額控除後の金額を支払えば足りることとするか、または(ii)いわゆるグロスアップ条項を設けるか否かを、契約締結過程での交渉内容を踏まえて検討する必要がある。

　一方、国内法に基づき源泉徴収義務がある場合であっても、租税条約により源泉徴収税額が減免される場合には、契約にあたっては、受領者に届出書の作成、提出義務を定めた規定を設けることが考えられる。

　イ　労働紛争に関する和解

　労働紛争に際して支払われる解決金についても源泉徴収が問題となり得る。たとえば、会社が従業員を解雇し、従業員が解雇無効を主張して従業員としての地位確認、未払給与の支払い、解雇日までに発生していた未払残業代および慰謝料の請求をした場合において、和解をする場合が考えられる。

　上記のようなケースでは、ほとんどの場合には、退職を前提とした和解を行うことになると想定される。この場合において、和解によって支

---

16) なお、国内法に基づく使用地主義であれば日本に源泉地はないが、債務者主義であれば日本に源泉地があると解されるケースとしては次のようなものが考えられる。すなわち、内国法人が、日本で製造した製品を外国に輸出・販売した場合において、当該製品が、専ら当該外国で登録された特許権を侵害しており、訴訟の結果、特許を有する外国法人（日本に恒久的施設を有しない）に、当該外国における特許に基づくライセンス料相当の和解金を支払うといったケースである。外国のみで登録されている特許権についてその特許の使用料を支払う場合、国内における業務に関して支払われたものは扱われないため（最一判平成 16・6・24 判タ 1163 号 136 頁）参照）、国内税法では、外国法人の国内源泉所得とはならない。しかし、債務者主義を採用する租税条約の相手国の居住者である外国法人に対して支払いが行われる場合、当該国との間の租税条約に基づき、日本が源泉地として取扱われる。当該租税条約が源泉地免除を定めていない場合には、源泉徴収義務が発生することとなる。

払われる金銭の性質も、紛争に関する諸事実を検討の上、判断がされることになる。支払いの名目にかかわらず、その合意内容や計算方法から考えて、支払いを受ける金銭が、未払いの給与に相当すると認定された場合には、当該支払いは給与として取り扱われ得る。その場合には、給与としての源泉徴収が必要となる。また、本来退職しなかったならば支払われなかったもので、退職したことに基因して一時に支払われる給与は退職所得とされる（所得税基本通達30-1）ことから、退職を前提とした和解が行われる場合、その支払いの一部または全部は退職所得として取り扱われる可能性が高い。退職所得とされる場合、退職所得としての源泉徴収が必要となる。一方、和解に際して支払われた金額の一部が慰謝料とされる場合、「損害賠償金……で、心身に加えられた損害……に基因」するもの（所得税法9条1項18号）として受領者においては非課税である。

　和解金として支払われる金銭がいずれに該当するのかは、合意内容や、その支払いの計算方法等を斟酌の上、判断されることとなる[17]。法務担当者としては、和解の合意をするにあたって、企業が和解金として支払う金銭が、いずれにあたるのか、可能な限り明記すると同時に、源泉徴収が必要な支払いについては源泉徴収を行う旨明記することが適切である。

(3)　消費税

　和解について支払われる金銭についての課税上の性質が、その性質を客観的に検討することで判断される以上、その支払いの性質によっては

---

17) たとえば退職日が、当初会社が解雇した日付から一定程度経過した日として合意がされれば、和解の解決金には、解雇した日から退職合意日までの給与が含まれるものと認定される可能性は高いと考えられる。一方、慰謝料が非課税であることから、労働者側の代理人から、全額慰謝料として処理することを依頼される場合も想定し得る。しかし、慰謝料を認めることは、そもそも会社による解雇が違法であることを認めることにもなりかねないことから会社としてはなかなか受け入れることが難しいケースも多いと想定されるだけでなく、一般的に認められる慰謝料の額を大幅に超えた慰謝料の額を定めても、税務的にはそれらすべてが慰謝料と認められない可能性が残る点は留意が必要である。

消費税の課税の対象となり得る。消費税の通達も、損害賠償金であっても、その実質が資産の譲渡等の対価に該当すると認められるものは消費税の課税の対象となる旨を定め、この立場を明らかにしている（消費税法基本通達 5-2-5）。

　当該通達においては、実質が資産の譲渡等の対価に該当するものの例として、無体財産権の侵害を受けた場合に加害者から権利者が受領する損害賠償金が挙げられており、知的財産権侵害訴訟において受領した和解金も消費税の対象となり得る旨が明らかにされている。この点、特許権侵害訴訟においては、損害賠償の対象となるべき損害に消費税相当額が含まれるかが争いとなるケースも多く、近時においては裁判所がこれを損害に含めるべきと判示するケースが複数存在する[18]。法務担当者としては、特に、原告となる場合には、訴訟においてこの点に関する主張が含まれていることを確認することが重要であり、和解をするにあたっても、消費税相当額が補償額に含まれることを確認すべきである。

5　おわりに

　本章では、不動産に関する契約および和解契約に関する税務上の取扱いと留意点について解説した。契約実務上、これらの契約においては税務上の取扱いについて意識した上で、法務担当者としては、契約の不備により予期せぬ課税上のリスクが生じることがないよう、慎重に検討を行うことが望ましい。

18）知財高判平成 29・2・22 裁判所 HP 掲載、東京地判令和 3・1・20 判例誌未登載等。

契約書と印紙税

◇◇◇

1 はじめに

　新型コロナウイルス感染症の影響等により業務のデジタル化を進める
企業は多いと思われるが、依然としてその事業活動に関連して契約書を
はじめとする数多くの文書が作成されている。印紙税は文書の作成に対
して課される租税であり、少なくとも現状では、企業活動のさまざまな
場面で問題となり、（本来の所管ではないとしても）契約書等のドラフト
やレビューに際して、印紙税に関連する質問を他部署の担当者から受け
た経験のある法務担当者も少なくはないだろう。
　また、印紙税額は文書 1 通あたりでは少額となる場合がある（印紙税
額は文書 1 通あたり 200 円～60 万円）が、契約書のひな形や定型的な文
書が用いられて企業活動が行われる場合、文書の数が多くなり、印紙税
額は大きなものとなり得る。さらに、納付すべき印紙税を納付しなかっ
た場合（印紙を貼付しなかった場合）、原則として本来納付すべき印紙税
の 3 倍に相当する過怠税が徴収されるため（印紙税法 20 条 1 項）[1]、特

---

1) ただし、所轄税務署長に対して印紙税を納付していない申出をした場合で、その申出が
　印紙税についての調査があったことにより 3 倍の過怠税の決定があるべきことを予知し
　てされたものでないときは、過怠税は 1.1 倍となる（印紙税法 20 条 2 項）。

に定型的・大量に作成される文書については、印紙税の対象となるか等についての慎重な判断が求められる。

　本章では、印紙税の基本的な仕組みおよび法務担当者が留意すべき事項について概説する。

2　印紙税の基本的な仕組み

　印紙税は、印紙税法により各種契約書その他の文書の作成に対して課される租税である[2]。印紙税の課税対象となる文書（以下「課税文書」という）の意義は**表 1**のとおりであり、一定の類型の文書のみが対象となっている（**表 2**も参照）。たとえば、請負契約書については仕事の内容を問わず課税文書に該当する一方、売買契約書については不動産等一定のものを譲渡対象とする契約書のみが課税文書に該当する（**表 2**記載

表 1　課税文書の意義

①　印紙税法別表第 1（以下「課税物件表」という）の「課税物件」の欄に掲げる文書（課税物件表に掲げられている文書により証されるべき事項（以下「課税事項」という）を証明する目的で作成された文書）であり、<u>かつ、</u>
②　以下の文書（以下「非課税文書」という）に該当<u>しない</u>文書 　(i)　課税物件表の「非課税物件」の欄に記載された文書（記載された契約金額が 1 万円未満のもの等） 　(ii)　国、地方団体または印紙税法別表第 2 に掲げる者（日本政策金融公庫、国立大学法人、土地開発公社等）が作成した文書 　(iii)　印紙税法別表第 3 の上欄に掲げる文書で、同表の下欄に掲げる者が作成した文書（保険会社が作成した、自動車賠償責任保険に関する保険証券・保険料受取書等） 　(iv)　その他特別の法律により非課税とされる文書（新型コロナウイルス感染症およびそのまん延防止のための措置により経営に影響を受けた事業者に対する一定の金銭の貸付けに係る消費貸借契約書＊等）

＊　新型コロナウイルス感染症等の影響に対応するための国税関係法律の臨時特例に関する法律（いわゆる新型コロナ税特法）11 条。具体的要件等は、国税庁HP（https://www.nta.go.jp/taxes/shiraberu/kansensho/keizaitaisaku/inshi/index.htm）も参照されたい。なお、同法による印紙税の非課税措置は、2023 年 3 月 31 日までに作成されるものが対象となっている（同法施行令 8 条 3 項）。

2）金子宏『租税法〔第 24 版〕』（弘文堂、2021）873 頁参照。

表2 重要な課税文書*

	文書の種類	税率（印紙税額）	主な非課税文書
1号文書	1 不動産、鉱業権、無体財産権、船舶もしくは航空機または営業の譲渡に関する契約書 2 地上権または土地の賃貸借の設定または譲渡に関する契約書 3 消費貸借に関する契約書 4 運送に関する契約書	記載された契約金額が 　　　　～10万円　　200円 10万1円～50万円　　400円 50万1円～100万円　　1千円 100万1円～500万円　　2千円 500万1円～1千万円　　1万円 1千万1円～5千万円　　2万円 5千万1円～1億円　　6万円 1億1円～5億円　　10万円 5億1円～10億円　　20万円 10億1円～50億円　　40万円 50億1円～　　60万円 契約金額の記載のないもの　200円	記載された契約金額が1万円未満のもの ※第1号文書と第3号～第17号文書に該当する文書で第1号文書に所属が決定されるものは、記載された契約金額が1万円未満であっても非課税文書とはならない。
2号文書	請負に関する契約書	記載された契約金額が 　　　　～100万円　　200円 100万1円～200万円　　400円 200万1円～300万円　　1千円 300万1円～500万円　　2千円 500万1円～1千万円　　1万円 1千万1円～5千万円　　2万円 5千万1円～1億円　　6万円 1億1円～5億円　　10万円 5億1円～10億円　　20万円 10億1円～50億円　　40万円 50億1円～　　60万円 契約金額の定めのないもの　200円	記載された契約金額が1万円未満のもの ※第2号文書と第3号～第17号文書に該当する文書で第2号文書に所属が決定されるものは、記載された契約金額が1万円未満であっても非課税文書とはならない。
5号文書	合併契約書、吸収分割契約書、新設分割計画書	4万円	
7号文書	継続的取引の基本となる契約書 ※契約期間が3ヵ月以内かつ更新の定めのないものは除く	4千円	
15号文書	債権譲渡または債務引受けに関する契約書	記載された契約金額が 　　1万円～　　200円 契約金額の記載のないもの　200円	記載された契約金額が1万円未満のもの

* 1号文書および2号文書の税率については、後掲注3）も参照。

の継続的取引の基本となる契約書（7号文書）に該当する場合を除く）。また、（請負ではない）委任に関する契約書は課税文書の類型に含まれていない。

　印紙税は、原則として印紙を課税文書に貼付する方法により納税するが（印紙税法8条、9条）、その税額は、課税文書の類型ごとに定められた税率による（課税物件表の「課税標準及び税率」の欄）。かかる税率は、課税文書に記載された金額等の多寡に応じる課税文書（当該金額等の多寡と税率（税額の多寡）との対応関係は課税文書の類型ごとに異なっている）もあれば、一律の税率（税額）となっている課税文書もある。たとえば、課税文書たる請負契約書と不動産売買契約書の税率（税額）は記載された契約金額の多寡に応じるが、いずれも代金が100万円と記載されている場合であっても、前者の印紙税額は200円である一方、後者は1,000円である[3]。

　このように、印紙税については、そもそも課税文書に該当するか否かを検討した上で、どの類型の課税文書に該当するかを検討する必要があるため、以下、これらの検討に際して法務担当者が留意すべき点を説明する（後記**3**および**4**）。

　なお、課税物件表において、1号から20号まで20種類の課税文書の類型が定められており、各号の文書を、たとえば「2号文書（各号の中でさらに枝番がある場合には1号の1文書）」等という。法務担当者が実務上見る機会が多いと考えられる課税文書およびその税率等は、**表2**のとおりであるが、法務担当者として、まずは課税物件表や国税庁のホームページ[4]等を参考に、課税文書の類型を概観し、所属企業のビジネスに鑑みて問題となり得る文書としてどのようなものがあり得るのかを把握することが肝要と考えられる（売買契約書のうち1号の1文書や7号文書に該当するものが存するか、業務委託契約書というタイトルの契約

---

3) ただし、租税特別措置法上、1997年4月1日から2024年3月31日までの間に作成される不動産の譲渡に関する契約書および建設業法2条1項に規定する建設工事の請負に係る請負契約書については、印紙税の軽減措置が講じられており（同法91条2項、3項）、かかる軽減措置の対象となる場合、印紙税額は本文記載の額と異なる。

4) https://www.nta.go.jp/publication/pamph/inshi/pdf/zeigaku_ichiran_r0204.pdf

であったとしても、契約内容から判断して2号文書に該当する請負契約または これに該当しない（準）委任契約のいずれであるか、等）。

3　課税文書該当性に関連する論点

⑴　「契約書」の意義

　1号文書、2号文書、7号文書および12〜15号文書は、いずれも「契約書」（「……に関する契約書」等）であり、「契約書」が重要な課税文書の類型となっているため、その意義が問題となる。

　印紙税法上の「契約書」とは、「契約当事者の間において、契約（その予約を含む）の成立、更改又は内容の変更若しくは補充の事実（以下「契約の成立等」という。）を証明する目的で作成される文書」（課税物件表の適用に関する通則（以下「通則」という）5、印紙税法基本通達（以下「通達」という）12条参照）のことをいう（予約、更改、内容の変更・補充の意義については**表3**参照）。

　契約書を含めた法的文書のドラフトやレビューに法務担当者が関与する機会は非常に多いと考えられるが、印紙税法上の「契約書」に該当するための要件である「契約の成立等」については、民法をはじめとする私法的観点からの検討が必要となるため、法務担当者が同法上の「契約書」の意義を理解しておく必要性は大きい。「契約書」の意義に関する印紙税法上の論点は多岐にわたるが、法務担当者が特に留意すべき点は以下のとおりである。

---

　①　「契約書」に該当するか否かは、契約証書、協定書、約定書その他のその名称の如何を問わず、また、念書、請書その他契約の当事者の一方のみが作成する文書または契約の当事者の全部もしくは一部の署名を欠く文書であったとしても、当事者間の了解または商慣習に基づき契約の成立等をする目的で作成されるものは、「契約書」に該当する（通則5参照）。
　②　契約は申込みとそれに対する承諾によって成立するため（民法522条1項、通達14条参照）、単に申込みの事実を証明する目的で作成され

表 3　予約、更改、内容の変更・補充の意義

予約（予約契約）〔通達 15 条〕	本契約を将来成立させることを約する契約のこと 予約契約書の課税文書該当性や所属の決定（後記 **4**(2)参照）は、予約契約により成立させようとする本契約の内容に従って判断される
契約の更改〔通達 16 条〕	契約によって既存の債務を消滅させて新たな債務を成立させること 更改契約書の課税文書該当性等は、更改により成立する新たな債務の内容に従って判断される
契約の内容の変更・補充〔通達 17・18 条〕	契約の内容の変更とは、原契約の同一性を失わせないでその内容を変更すること 契約の内容の補充とは、原契約の内容として欠けている事項を補充すること 変更契約書および補充契約書は、課税物件表に掲げられている契約の内容となると認められる事項（以下「重要な事項」という）が含まれている場合、「契約書」に該当する（契約類型ごとの重要な事項は通達別表第 2 参照）* 所属の決定（後記 **4**(2)参照）は、変更または補充される事項に従って判断される

＊　たとえば、1 号の 1 文書（不動産売買契約書等）については、目的物の内容、目的物の引渡方法または引渡期日、契約金額等が「重要な事項」に該当する（通達別表第 2 の 1）。したがって、不動産売買契約書において「売買代金は当事者間で別途合意して定める」旨を規定し、かかる規定に基づき、当該契約書とは別に売買代金を定める覚書や合意書等を作成する場合、当該覚書等は「補充契約書」として「契約書」に該当し、（非課税文書に該当しない限り）印紙税の課税対象となる。

る申込文書は「契約書」に該当しないが、申込書、注文書または依頼書等（以下「申込書等」という）と表示されたものであっても、申込みに対する承諾の事実を証明する目的で作成されるものは「契約書」に該当する（通達 21 条参照）[5]。

③　契約の成立等を間接的に証明することができるような文書は「契約書」に該当せず、これを直接証明する目的で作成されたもののみが「契約書」に該当する[6]。

5）同条において、以下の申込書等は、原則として「契約書」に該当するとされている。
　① 契約当事者の間の基本契約書、規約または約款等に基づく申込みであることが記載されていて、一方の申込みにより自動的に契約が成立することとなっている場合における当該申込書等（契約の相手方当事者が別に請書等契約の成立を証明する文書を作成することが記載されているものを除く）
　② 見積書その他の契約の相手方当事者の作成した文書等に基づく申込みであることが記載されている当該申込書等（契約の相手方当事者が別に請書等契約の成立を証明する文書を作成することが記載されているものを除く）
　③ 契約当事者双方の署名または押印があるもの
6）川﨑令子編『令和元年版 印紙税法基本通達逐条解説』（大蔵財務協会、2019）43 頁参照。

　以上のとおり、印紙税法上の「契約書」に該当するか否かは、文書の形式的な名称等ではなく、申込みに対する承諾の事実を直接証明する目的で作成されるものであるか否かに基づいて判断される。したがって、たとえば、ビジネスの実態を踏まえた私法的観点から見て承諾の時点（契約の成立時点）で作成されるものではない文書を法務担当者がドラフトやレビューを行う場合には、たとえその名称が申込書等となっていたとしても、そのことのみを過信せず、印紙税法上の「契約書」に該当しないことに疑義が生じ得る文言の使用を避けることが考えられる[7]。

⑵　同一内容の文書を 2 通以上作成する場合の取扱い

　印紙税は、契約の成立等を証明する目的で作成された文書を課税対象とするため、1 つの契約について 2 つ以上の文書が作成された場合、それぞれが契約の成立等を証明する目的で作成されたものであればすべて課税文書となり得る。たとえば、(契約書末尾の典型的な文言のように)「契約締結の証として、契約書 2 通を作成し、両当事者が記名押印の上、各 1 通を保有する」場合、当該契約書は、契約の成立を証明する目的で作成されるものであるため、2 通いずれもが課税文書となり得る。

　一方、契約の成立等を証明するためではなく、単なる控えとするために作成されるもの（単にコピー機でコピーしたもの等）は、課税文書とならない。単なる控えか否かは、文書の形式や内容等から判断されるが、たとえば、写し、副本、謄本等の表示がされている場合であっても、①相手方当事者の署名または押印があるものや②正本等と相違がないこと、または写し、副本、謄本等であることについて相手方当事者の証明のあるものは、文書の所持者にとっては契約の成立等を証明する目的で作成されるものであり、課税文書となり得る[8]。

　7）当然ながら、「契約書」に該当しない文書については契約の成立等に対する証明力が低くなり得るため、どのような位置付けの文書を作成したいのか（印紙税の課税対象とならない文書なのか、契約の成立等を証明するための文書なのか）を意識してドラフトやレビューを行うことが肝要である。

　8）通達 19 条、川﨑編・前掲注 6）57 頁以下参照。

⑶　外国の法主体との契約締結

　実務上、外国の法主体（外国法人等）と契約を締結する場面に遭遇する法務担当者も多いと考えられるが、印紙税法は日本国の法律であり、かつ、印紙税は文書の作成に対して課される租税であること（前記**2**参照）から、①文書の作成が国内で行われた場合（たとえば、外国法人の代表者が来日して国内で契約書に署名した場合）には、外国法準拠の契約書等であっても、日本の印紙税の課税対象（課税文書）となり得る一方、②文書の作成が国外で行われた場合、当該文書（契約書等）に係る権利行使や当該文書の保存が国内で行われるものであっても、日本の印紙税の課税対象（課税文書）とならない[9]。

　なお、外国法人等と契約を締結するに際して、契約書を郵送して署名を行う場合も多いと考えられるが、このような場合に日本の印紙税の課税対象となり得るか否かは、**表4**のとおりである[10]。**表4**の(i)の場合、署名の先後で課税対象となるか否かが変わるため、疑義を避けるため各サインページに日時欄を設けて先後関係を明らかにすることも考えられる。

表4　外国法人等と締結する契約書の取扱い

(i) 契約書を相互に郵送し合って両当事者が署名する場合	国内で署名した後、国外で署名するもの	課税対象外
	国外で署名した後、国内で署名するもの	課税対象
(ii) 自己が署名したサインページのみを相手方に郵送し合う場合	国内で署名した後、国外に郵送されるもの（内国法人のサインページ）	課税対象
	国外で署名した後、国内に郵送されるもの（外国法人のサインページ）	課税対象外

⑷　電磁的記録により契約を締結する場合

　新型コロナウイルス感染症の影響等により契約書等の電子化を推し進める企業は多いと思われるが、印紙税の課税対象は「文書」であり、これを「作成した」場合に納税義務が生じることとされているため（印紙

9）通達49条、川﨑編・前掲注6）131頁参照。
10）通則5、通達44条も参照。

税法2条、3条）、契約書が作成されず、契約が電磁的記録により締結される場合（たとえば、契約内容を記載したPDFファイルをメールで授受する場合）には、印紙税は課税対象とならない（第8章（ローン契約）**2**(4)イも参照）。

4　課税文書の類型等に関連する問題

　前記**2**記載のとおり、印紙税は特定の類型の文書のみを課税対象としており、また、課税文書の類型毎に税率も異なっている。そのため、(1)ある文書がどの類型の課税文書に該当するか、および、(2)1つの文書が複数の類型の課税文書に該当する場合の取扱いが問題となる。さらに、課税文書の類型によっては、記載された金額の多寡に応じた税率となっているものがあるため、(3)1つの文書に複数の金額が記載されている場合等の取扱いも問題となる。

　以下、これらの問題に関連して法務担当者が留意すべき点を説明する。

(1)　売買・請負・委任の区別

　実務上、売買と請負の要素を併せ持つ契約（製造物供給契約書等）は多く存在し、また、請負と（準）委任との区別が必ずしも明確ではない場合もある。一方、売買、請負または委任のいずれであるかによって、これに関連する契約書の課税文書該当性や課税文書に該当する場合の税率が異なる（**表2**も参照）ため、これらの区別は印紙税法上特に重要である。

　かかる区別は、民法（私法）における整理を前提に検討されるべきであり、具体的には、①売買と請負の区別は、目的物に係る所有権の移転と仕事の完成のいずれに重きを置いているか[11]、②請負と委任の区別

---

11) 通達別表第1第2号文書の2参照。なお、売買と請負のいずれか一方に類型を決定できず、1つの契約書において、売買契約と請負契約の双方が記載されている場合もある。このような場合の処理については、後記(2)および(3)参照。

表 5　売買・請負・委任の区別

売買	目的物に係る所有権の移転	目的物が不動産等一定のもの：1 号の 1 文書 継続的取引に係る基本契約書：7 号文書
請負	仕事の完成	（仕事の内容を問わず）2 号文書
委任	一定の目的に従った事務処理	（委託事務の内容を問わず）課税文書**非該当**

は、仕事の完成と一定の目的に従った事務処理のいずれを目的とするかに着目し、当事者の意思を踏まえて判断すべきである（**表 5**参照）。

　したがって、法務担当者としては、（契約書のドラフトやレビューに際して一般的に留意すべきであるが、）取引実態に即した形でどの類型に該当するかを契約書上明確にしておくことが肝要である。

(2)　1 つの文書が複数の類型の課税文書に該当する場合の取扱い（所属の決定）

　印紙税法上、1 つの文書が複数の類型の課税文書に該当する場合でも、それらを合算して税負担を求めるのではなく、いずれか 1 つの類型の課税文書に所属を決定した上で、当該所属の課税文書に係る税負担のみが求められる（通達 9 条参照）。この所属の決定方法の概要は、**表 6**のとおりである（通則 3、通達 11 条参照）。

　たとえば、機械の製作請負とその機械の運送が 1 つの契約書に規定されている場合、当該契約書は 1 号の 4 文書（運送に関する契約書）と 2 号文書（請負に関する契約書）の双方に該当する。そのため、当該契約書は、(i)原則として、1 号文書として取り扱われるが、(ii)請負に係る契約金額と運送に係る契約金額が区分されており、かつ、請負に係る契約金額が運送に係る契約金額を超えている場合、2 号文書として取り扱われる（**表 6**の②参照）。1 号文書と 2 号文書とでは、2 号文書の方が税率が低いため（**表 2**参照）、印紙税の観点からは、契約書上、製作請負と運送に係る契約金額を区分しておくことが望ましいこととなる。

(3)　記載金額の算定方法

　課税文書の類型によっては記載された金額の多寡に応じた税率となっ

表6 所属の決定方法

① 1号文書または2号文書と3号文書～17号文書に該当する場合

該当する課税事項			所属	例
1号 or 2号 /3号～17号	原則	1号 or 2号 ／ 3号～17号	1号 or 2号	不動産および債権の譲渡契約書（1号 /15号→1号）
	例外①	1号 or 2号（契約金額の記載がないもの） ／ 7号	7号	継続的な運送に関する契約書で契約金額の記載がないもの（1号の4 /7号→7号）
	例外②	1号 or 2号（契約金額の記載がないもの、または契約金額が17号の1の金額未満） ／ 17号の1（受取金額100万円超）	17号の1	売掛金800万円のうち、600万円を領収し、残高の200万円を消費貸借の目的とする旨が記載された文書（1号の3 /17号の1 → 17号の1）

② 1号文書と2号文書に該当する場合

該当する課税事項			所属	例
1号 /2号	原則	1号 ／ 2号	1号	機械の製作請負とその機械の運送に関する契約書（契約金額が区分されずに記載されているものなど）（1号 /2号→1号）
	例外	1号（1号文書と2号文書のそれぞれの契約金額を区分することができ、かつ、2号文書の契約金額が1号文書の契約金額を超える場合） ／ 2号	2号	機械の製作費は200万円、その機械の運送料は10万円として、それぞれの契約金額が区分されて記載されている、機械の製作請負および運送契約書（1号 /2号→2号）

③ 3号文書～17号文書までの2つ以上に該当する場合

該当する課税事項			所属	例
3号～17号の2つ以上	原則	最も号数の少ない文書	最も号数の少ない文書	継続的債権譲渡に関する契約書（7号 /15号→7号文書）
	例外	3号文書～16号文書 ／ 17号の1（売上代金に係る受取金額が100万円超）	17号の1	債権譲渡契約書で、譲渡代金200万円を譲渡人が受け取った旨が記載されているもの（15号 /17号の1 → 17号の1）

④ 1号文書～17号文書と18号文書～20号文書に該当する場合

該当する課税事項			所属	例
1号～17号 /18号～20号	原則	1号～17号 ／ 18号～20号	18号～20号	保険証券兼保険料受取通帳（10号 /18号→18号文書）
	例外①	1号（契約金額が10万円超（平成26年4月1日以降に作成される場合は50万円超）） ／ 19号 or 20号	1号	契約金額1,000万円の不動産契約書でその代金の受取通帳を兼ねているもの（1号の1 /19号→1号の1）
	例外②	2号（契約金額が100万円超（平成26年4月1日以降に作成される場合は200万円超）） ／ 19号 or 20号	2号	契約金額250万円の請負契約書でその代金の受取通帳を兼ねているもの（2号 /19号→2号）
	例外③	17号の1（売上代金の受取金額が100万円超） ／ 19号 or 20号	17号の1	下請け前払金200万円の受領事実を記載した請負通帳（17号の1 /19号→17号の1）

⑤ 18号文書と19号文書に該当する場合

該当する課税事項		所属	例
18号 /19号	18号 ／ 19号	19号	預貯金通帳と金銭の受取通帳が1冊となっている通帳（18号 /19号→19号）

ている場合がある（**表2**参照）が、1つの契約書において取引ごとに契約金額を記載する場合や複数の取引について合計額のみを記載する場合にどの金額を基準に税率を適用するかが問題となる。このような場合における記載金額の算定方法は、**表7**のとおりである（通達24条参照）。

表 7　記載金額の算定方法

(i)　1 つの文書に、同一の類型の課税文書に係る記載金額が複数規定される場合	契約金額の合計額を記載金額とする。 例：「物品 A の製作請負対価は 300 万円、物品 B の製作請負対価は 200 万円」（いずれも 2 文書） →合計額である 500 万円が記載金額
(ii)　1 つの文書に、異なる類型の課税文書に係る記載金額が複数規定される場合	所属を決定した上で（**4**(2)参照）、当該所属に関して記載されている金額のみを記載金額とする。 例：「不動産の譲渡対価は 500 万円、売掛金の譲渡対価は 300 万円」（1 号の 1 文書／ 15 号文書） →所属が 1 号の 1 文書であり（前記**表 6** ①参照）、500 万円が記載金額である 1 号の 1 文書として取り扱われる
(iii)　1 つの文書に、異なる類型の課税文書に係る記載金額の合計額が規定される場合	所属を決定した上で（**4**(2)参照）、記載されている合計額全額を記載金額とする。 例：「不動産および売掛金の譲渡対価は、合計 800 万円」（1 号の 1 文書／ 15 号文書） →所属が 1 号の 1 文書であり（前記**表 6** ①参照）、800 万円が記載金額である 1 号の 1 文書として取り扱われる

　表 7 の(ii)および(iii)記載の例のように、2 つの取引に係る対価を区分して記載するか、まとめて記載するかで対価の合計額自体は変わらないにもかかわらず、印紙税額が異なり得るため、法務担当者としては、印紙税法上の取扱いも念頭に置いた上で、契約書の対価の額の記載方法を検討することが重要であると考えられる。

5　おわりに

　本章では、印紙税の基本的な仕組みと法務的観点からの留意点について概説した。課税文書該当性の判断には私法的観点からの検討が必要となる場合があることや、金額の記載方法等、契約書のドラフトやレビューの場面で問題となる点があることから、印紙税に関して法務担当者が果たすべき役割は大きい。法務担当者としては、予期せぬ課税上のリスクを避けられるよう、印紙税の概要や論点を把握し、慎重に検討を行うことが望ましい。

◇第13章◇◇◇◇◇◇◇◇◇◇◇◇◇◇◇◇◇◇◇◇◇◇◇◇◇◇◇◇◇◇◇◇◇

電子帳簿保存法と電子契約

◇◇

1　はじめに

　近年、サステナビリティ経営へのシフトやコロナ禍におけるリモートワークの常態化などを契機として、企業活動の各分野においてDX（デジタル・トランスフォーメーション）が急速に広まっている。企業の経理業務に関しても、立替経費精算や請求書関連業務に係るプロセスのデジタル化・効率化・ペーパーレス化対応や、情報管理プラットフォームの利用による企業グループ内での会計・税務関連データの効率的な収集・集中管理や税務申告書の作成や電子申告などの自動化・効率化などDXの波が押し寄せている。

　経理に関する書類の中には、法人税法等の税法上、備付けや保存が義務付けられているものが多く含まれ、これらは原則として紙で保存等を行うことが求められている[1]。例外として、「電子計算機を使用して作成する国税関係帳簿書類の保存方法等の特例に関する法律」（以下「電子帳簿保存法」または「法」という）に定める要件を充足する場合には、

1）たとえば、青色申告法人は、「帳簿書類」の備付け・保存が義務付けられている（法人税法126条1項）。

電磁的記録（以下「電子データ」という）による保存が認められることになる[2]。また、電子帳簿保存法は、電子取引を行った場合、取引情報に係る電子データを一定の要件に従って保存することを義務付けている。

　そのため、法令に従った形でDXを推進するためには、電子帳簿保存法の理解が不可欠となる。また、電子帳簿保存法上の要件の中には、規程を整備することが含まれているものがあり[3]、特に、法務担当者が社内規程を所管し、またはレビューする立場にある場合には、電子帳簿保存法の内容を理解しておくことが非常に重要である。

　本章では、電子帳簿保存法の概要（後記**2**）について説明した上、電子帳簿保存法上の各制度（後記**3〜5**）および電子契約と電子帳簿保存法の関係（後記**6**）について概説する。なお、電子帳簿保存法は、令和3年度の税制改正において、経理の電子化による生産性の向上や記帳水準の向上等のために抜本的な改正が行われているが、本章における記載は、当該改正後のものである。

2　電子帳簿保存法の概要

　電子帳簿保存法は、大きく以下の3つの制度から構成されている（**表1**も参照）。

---

① 　電子データ保存制度
　国税[4]に関する法律の規定により備付けおよび保存をしなければならない帳簿（以下「国税関係帳簿」という）および保存をしなければならない書類（以下「国税関係書類」といい、国税関係帳簿と併せて、

2）なお、電帳簿保存法においては、電子計算機出力マイクロフィルム（いわゆるCOM）による保存も認められているが（法5条）、紙面の関係上、かかる保存については触れない。
3）なお、国税庁が、かかる規程等のサンプルを公表している（https://www.nta.go.jp/law/joho-zeikaishaku/sonota/jirei/0021006-031.htm）。
4）所得税、法人税および消費税などが含まれるが、関税など一定のものは除外されている。

以下「国税関係帳簿書類」という）について、一定の要件の下、紙での保存に代えて、電子データでの保存を認めるもの

② スキャナ保存制度
国税関係書類（一定のものを除く）について、一定の要件の下、紙での保存に代えて、紙をスキャンして作成した画像データでの保存を認めるもの

③ 電子取引に係る電子データの保存義務
電子取引を行った場合、取引情報に係る電子データを一定の要件に従って保存することを義務付けるもの

　なお、①電子データ保存制度および②スキャナ保存制度については、電子データでの保存を強制するものではなく、いわば選択的な制度である（原則どおり、紙での保存も認められる）一方、③電子取引に係る電子データの保存義務は、電子データの保存を強制するものである点に留意されたい。

表1　電子帳簿保存法の概要

			保存方法		
			紙保存	電子データ保存	スキャナ保存
国税関係帳簿 例：仕訳帳、総勘定元帳			○	○	×
国税関係書類	決算関係書類 例：B/S、P/L		○	○	×
	取引関係書類 例：注文書、契約書	自己作成	○	○	○
		他者作成	○	×	○
電子取引を行った場合の電子データ			△*	○ (強制的)	－

*　後記 **5** (3)記載のとおり、2023 年 12 月 31 日までに行う電子取引に限り、保存すべき電子データをプリントアウトして保存し、税務調査等の際に提示・提出できるようにしておくという代替措置が認められている。

3　電子データ保存制度（国税関係帳簿・国税関係書類）

⑴　対象となる帳簿書類の範囲

　電子データ保存制度の対象となる帳簿書類は、国税関係帳簿および国税関係書類である（法4条1項、2項）。ただし、電子データ保存制度は、「自己が（最初の記録段階から）一貫して電子機器を使用して作成する場合5)」に限り認められている。この点、国税関係帳簿（仕訳帳、現金出納帳、売上金元帳、固定資産台帳、売上帳、仕入帳等）や国税関係書類のうち決算関係書類（棚卸表、貸借対照表、損益計算書等）は自己が作成するものである。一方、国税関係書類のうち取引関係書類（注文書、請求書、契約書、領収書等）については、自己が作成するものと他者が作成するものがあり、この「自己が……作成する」との要件との関係で、他者が作成する取引関係書類は電子データ保存制度の対象とならない（なお、他者が作成する取引関係書類は、後記**4**のスキャナ保存制度の対象とはなる）。

　電子データ保存制度の対象となる国税関係帳簿および国税関係書類については、後記⑵の保存要件を充足することにより、紙での保存等に代えて、電子データでの保存等が認められる。

⑵　保存要件

　電子データ保存に係る保存要件は、**表2**のとおりである（電子帳簿保存法施行規則（以下「施行規則」という）2条2項、3項）。

---

5) なお、法4条1項所定の「自己が最初の記録段階から一貫して電子計算機を使用して作成する場合」とは、具体的には、帳簿を備え付けて記録を蓄積していく段階の始めから終わりまで電子計算機の使用を貫いて作成する場合をいい（電子帳簿保存法取扱通達（以下「取扱通達」という）4-4）、同条2項所定の「自己が一貫して電子計算機を使用して作成する場合」も、基本的には同じ意味である（国税庁「電子帳簿保存法取扱通達解説（趣旨説明）」8頁参照）。

表2　電子データ保存に係る保存要件

項目	具体的内容
①電子計算機処理システムの概要書等の備付け	システム基本設計書、システム仕様書、操作マニュアルおよび事務処理規程等（取扱通達4-6）を備え付けること
②見読可能装置の備付け等	ディスプレイ・プリンタなどの出力装置とこれらの操作説明書を備え付け、その電子データを、ディスプレイの画面および書類上に、整然とした形式および明瞭な状態で速やかに出力することができるようにしておくこと
③ダウンロードの求めに応じること*	税務調査の際等に税務職員による電子データの提示または提出の要求に対して、応じることができるようにしておくこと

＊　国税関係帳簿について、後記(3)の「優良な電子帳簿」の要件を満たす場合（施行規則2条2項柱書第2括弧書き）、国税関係書類については検索機能の確保に相当する要件を満たしている場合（同条3項第2文）、本要件は不要である。

(3)　優良電子帳簿に係る過少申告加算税の軽減措置

　一定の国税関係帳簿[6]について、「優良な電子帳簿」の要件を満たして電子データでの備付けおよび保存を行い、本措置の適用を受ける旨等を記載した届出書をあらかじめ所轄税務署長に提出している場合、当該国税関係帳簿に記録された事項に関し申告漏れがあったときには、当該申告漏れに課される過少申告加算税が5％軽減される（ただし、申告漏れについて、隠蔽し、または仮装された事実がある場合には軽減されない）（法8条4項、施行規則5条1項）。

　「優良な電子帳簿」の要件は、**表3**のとおりである（法8条4項1号、施行規則5条5項）（なお、**表3**の①〜③の要件は、**表2**の①〜③の要件と同様である）。

---

6) 所得税法・法人税法に基づき青色申告者（青色申告法人）が保存しなければならないこととされる総勘定元帳、仕訳帳その他必要な帳簿（売掛帳や固定資産台帳等）および消費税法に基づき事業者が保存しなければならないこととされている帳簿である（施行規則5条1項）。

表3　「優良な電子帳簿」の要件

項目	具体的内容
①電子計算機処理システムの概要書等の備付け	システム基本設計書、システム仕様書、操作マニュアルおよび事務処理規程等を備え付けること
②見読可能装置の備付け等	ディスプレイ・プリンタなどの出力装置とこれらの操作説明書を備え付け、その電子データを、ディスプレイの画面および書類上に、整然とした形式および明瞭な状態で速やかな出力することができるようにしておくこと
③ダウンロードの求めに応じること*	税務調査の際等に税務職員による電子データの提示または提出の要求に対して、応じることができるようにしておくこと
④電子データの訂正・削除・追加の履歴の確保	記載事項の訂正・削除を行った場合にその事実および内容を確認することができることならびに通常の業務処理期間経過後の入力履歴を確認できること
⑤帳簿間での記録事項の相互関連性の確保	他の国税関係帳簿の記録事項との間において、相互にその関連性を確認することができるようにしておくこと
⑥検索機能の確保*	(i)取引年月日、取引金額および取引先を検索の条件として設定することができること (ii)日付または金額に係る記録項目については、その範囲を指定して条件を設定することができること (iii)2以上の任意の記録項目を組み合わせて条件を設定することができること

*　③「ダウンロードの求めに応じること」との要件を満たす場合、⑥「検索機能の確保」の要件のうち、(ii)および(iii)の要件は不要である（施行規則5条5項1号柱書括弧書き）。

4　国税関係書類のスキャナ保存制度

(1)　対象となる書類の範囲

　スキャナ保存制度の対象となる書類は、国税関係書類のうち、決算関係書類（棚卸表、貸借対照表、損益計算書等）以外の書類であり、取引関係書類（注文書、請求書、契約書、領収書等）が該当する（法4条3項、施行規則2条4項）。なお、前記 **3** 記載のデータ保存制度とは異なり、「自己が作成する」という要件はないため、取引関係書類のうち、自己が作成するもののみならず、他者が作成するもの（すなわち、取引相手方から受領するもの）も含まれる。

　スキャナ保存制度の対象となる国税関係書類（取引関係書類）については、後記(2)の保存要件を充足することにより、紙の原本の保存に代え

て、原本をスキャンして作成した画像データでの保存が認められる。

(2) 保存要件

　スキャナ保存に係る保存要件は、**表4**のとおりである（施行規則2条6項）。なお、契約書、納品書、請求書、領収書等の資金や物の流れに直結・連動する書類（重要書類）と見積書、注文書、検収書等の資金や物の流れに直結・連動しない書類（一般書類）とでは、一般書類の方が、若干要件が緩和されている（施行規則2条7項、平成17年1月31日国税庁告示第4号等[7]）。

表4　スキャナ保存に係る保存要件

	重要書類	一般書類[*1]
①入力期間の制限	記録事項の入力を、その受領後または業務処理に係る通常の期間経過後、速やかに行うこと	適時に入力
②スキャナによる読み取り	(i)解像度200dpi以上 (ii)赤色、緑色および青色がそれぞれ256階調以上	(ii)について、グレースケールも可
③タイムスタンプの付与	入力期間内に、一の入力単位ごとの電子データの記録事項にタイムスタンプを付すこと（入力期間内に記録事項を入力したことを確認できる場合は不要）	
④読取情報の保存	読み取った際の解像度、階調および当該国税関係書類の大きさに関する情報を保存すること（書類の大きさがA4以下である場合は大きさに関する情報の保存は不要）	大きさに関する情報の保存は不要
⑤バージョン管理	記録事項の訂正・削除を行った場合にその内容を確認できるシステムまたは記録事項の訂正・削除ができないシステムであること	
⑥入力者等情報の確認	入力者またはその監督者に関する情報が確認できること	
⑦帳簿との相互関連性の確保	国税関係書類の電子データの記録事項とそれに関連する国税関係帳簿の記録事項との間において、相互にその関連性を確認することができること[*2]	
⑧見読可能装置の備付け等	(i)14インチ以上のカラーディスプレイ、カラープリンタおよび操作説明書を備え付けること (ii)整然とした形式、当該国税関係書類と同程度に明瞭、拡大・縮小による出力、4ポイントの大きさでの文字の認識ができる状態で、速やかに出力できること	グレースケールで保存する場合、ディスプレイおよびプリンタについて、カラー対応は不要
⑨概要書等の備付け	電子計算機処理システムの概要書、システム開発に際して作成した書類、操作説明書、電子計算機処理ならびに電子データの備付けおよび保存に関する事務手続を明らかにした書類を備え付けること	

---

7) https://www.nta.go.jp/law/jcho-zeikaishaku/sonota/jirei/14.htm#a02

⑩検索機能の確保	電子データの記録事項について、次の要件による検索ができるようにすること（税務職員による質問検査権に基づくダウンロードの求めに応じることができるようにしている場合は(ii)および(iii)は不要） (i)取引年月日その他の日付、取引金額および取引先での検索 (ii)日付または金額に係る記録項目について範囲を指定しての検索 (iii)2以上の任意の記録項目を組み合わせての検索

＊1　一般書類について、緩和された要件によってスキャナ保存をする場合には、電子データの作成および保存に関する事務の手続を明らかにした書類（事務責任者が定められているもの）の備付けを行う必要がある。

＊2　たとえば、相互に関連する書類および帳簿の双方に伝票番号等を付して、その番号を指定することがこれに該当する（取扱通達 4-31）。

5　電子取引に係る電子データの保存義務

　所得税（源泉徴収に係る所得税を除く）および法人税に係る国税関係帳簿書類の保存義務者（以下「保存義務者」という）は、電子取引を行った場合、取引情報に係る電子データを一定の要件に従って保存する必要がある（法7条）。

(1)　保存義務の対象
　電子取引に係る電子データの保存義務の対象は、「電子取引」の「取引情報」に係る電子データである（法7条）。

　「電子取引」とは、「取引情報」の授受を電磁的方法により行う取引のことであり（法2条5号）、具体的には、EDI取引、インターネット等による取引、電子メールにより取引情報を授受する取引（添付ファイルによる場合を含む）等が該当する（取扱通達 2-2）。

　また、「取引情報」とは、取引に関して受領し、または交付する注文書、契約書、送り状、領収書、見積書その他これらに準ずる書類に通常記載される事項のことである（法2条5号）。

(2)　保存要件
　電子取引の取引情報に係る電子データは、**表5**の要件に従って保存する必要がある（施行規則4条1項）。

表 5　電子取引の取引情報に係る電子データの保存要件

項目	具体的内容
①改ざん防止措置	いずれかの措置を講じること (ⅰ)タイムスタンプの付与後に取引情報の授受を行うこと (ⅱ)取引情報の授受、(業務処理に係る通常の期間経過後)速やかに、タイムスタンプを付与すること (ⅲ)記録事項の訂正・削除を行った場合にその内容を確認できるシステムまたは記録事項の訂正・削除ができないシステムで取引情報を授受、保存すること (ⅳ)正当な理由がない訂正・削除の防止に関する事務処理規程を定め、これを遵守すること
②見読可能装置の備付け等	ディスプレイ・プリンタなどの出力装置とこれらの操作説明書を備え付け、その電子データを、ディスプレイの画面および書類上に、整然とした形式および明瞭な状態で速やかな出力することができるようにしておくこと
③概要書等の備付け	電子計算機処理システムの概要書、システム開発に際して作成した書類、操作説明書、電子計算機処理ならびに電子データの備付けおよび保存に関する事務手続を明らかにした書類を備え付けること
④検索機能の確保	電子データの記録事項について、次の要件による検索ができるようにすること* (ⅰ)取引年月日その他の日付、取引金額および取引先での検索 (ⅱ)日付または金額に係る記録項目について範囲を指定しての検索 (ⅲ)2 以上の任意の記録項目を組み合わせての検索

*　税務職員による質問検査権に基づくダウンロードの求めに応じることができるようにしている場合は(ⅱ)および(ⅲ)は不要、このような場合で、かつ 2 年(2 期)前の売上が 1,000 万円以下である場合には、本要件全体が不要である。

(3)　経過措置

　前記 **2** 記載のとおり、電子データ保存制度およびスキャナ保存制度は、納税者の任意で選択できる制度であり、原則どおり紙で保存することも可能である一方、電子取引に係る電子データの保存については、保存義務者が電子取引を行った場合、強制的に適用され、前記(2)記載の保存要件を充足するシステム等の整備が必要となる。

　もっとも、システム等の整備への対応が困難な事業者もいることから、2023 年 12 月 31 日までに行う電子取引については、保存すべき電子データをプリントアウトして保存し、税務調査等の際に提示・提出できるようにしておくという代替措置が認められている(施行規則附則(令和 3 年 3 月 31 日財務省令第 25 号)2 条 3 項)。

6　電子契約と電子帳簿保存法の関係

(1)　電子契約の意義・類型

　電子契約との用語は、現行法上一義的に定義されてはおらず[8]、また、実務上も多義的に用いられ得るが、ここでは広く、「電子データを用いて締結される契約」を意味するものとする。このように電子契約を広くとらえる場合、後記(2)記載の電子署名が付されるものと付されないものの双方が含まれ、**表6**のように類型化できる。

表6　電子契約の類型

電子署名が付される	当事者署名型	ローカル署名型	契約当事者自身が取得した秘密鍵*により電子署名が行われるもののうち、ICカードやUSB等のローカルなOS環境で契約当事者自身が秘密鍵を管理する（＝ローカルなOS環境上で電子署名を行う）もの
		リモート署名型	契約当事者自身が取得した秘密鍵により電子署名が行われるもののうち、クラウド上等でサービス提供事業者が秘密鍵を管理する（＝契約当事者がクラウドへアクセスした上で電子署名を行う）もの
	事業者署名型		サービス提供事業者が取得・管理する秘密鍵により電子署名が行われるもの

8）たとえば、以下のとおり、法令毎に「電子契約」の定義が異なっている。
　①電子委任状の普及の促進に関する法律2条第2項：事業者が一方の当事者となる契約であって、電子情報処理組織を使用する方法その他の情報通信の技術を利用する方法により契約書に代わる電磁的記録が作成されるもの
　②特定商取引に関する法律施行規則16条1項1号：販売業者又は役務提供事業者と顧客との間で電子情報処理組織を使用する方法その他の情報通信技術を利用する方法により電子計算機の映像面を介して締結される売買契約又は役務提供契約であつて、販売業者若しくは役務提供事業者又はこれらの委託を受けた者が当該映像面に表示する手続に従つて、顧客がその使用する電子計算機を用いて送信することによつてその申込みを行うもの

電子署名が付されない	**＜具体例＞** ✓契約当事者双方がサービス提供事業者のプラットフォーム（いわゆる電子契約サービス）にアクセスした上で、プラットフォーム上で（電子署名を付さず）合意形成を行うもの ✓契約の電子データ（PDFファイル等）に署名画像を張り付けるもの ✓紙の契約書にWet-inkで自署の上、そのPDFファイルのみの授受を行う（契約書原本の授受を行わない）もの

＊　電子署名法2条1項に電子署名の定義が規定されているが、その要件である「本人性」および「非改ざん性」を確保するための技術として、一般的に公開鍵暗号技術が用いられる。「秘密鍵」とは、この公開鍵暗号技術における用語であり、対象データを暗号化する際に利用されるパスワードのようなものである。なお、公開鍵暗号技術においては、ⅰ 送信者側が、対象データを秘密鍵を用いて暗号化し（＝「電子署名」を作成し）、電子署名が付された対象データと当該秘密鍵に対応する公開鍵を受信者側に送信し、ⅱ 受信者側で、電子署名を公開鍵により複合化したものと対象データとが一致するかを確認することによって、本人性および非改ざん性が確認される。これは、秘密鍵で暗号化したデータは当該秘密鍵に対応する公開鍵でしか複合化できず、また、事実上公開鍵から秘密鍵を特定することが不可能であるという性質を利用するものである。以上の仕組みについては、法務省ウェブサイト上の解説（https://www.moj.go.jp/ONLINE/CERTIFICATION/GUIDE/guide02.html）も参照。

(2)　電子契約と「成立の真正」（民事訴訟法上の証拠としての採用）

　紙の契約書同様、電子契約は、契約当事者間の合意内容について明確化し、後日紛争が生じた場合の証拠として用いるために作成されるものであるが、民事訴訟法上、電子データである電子契約が証拠として採用されるためには、「成立の真正」（すなわち、電子契約が作成者の意思に基づいて作成されたこと）を証明する必要がある（民事訴訟法231条、228条1項）。

　この点、紙の契約書については、いわゆる「二段の推定」[9]により、一定の場合、「成立の真正」に係る立証が緩和されている。電子契約については、十分な暗号強度を持った公開鍵暗号技術を用いた電子署名[10]が契約当事者本人の意思に基づいて付されている場合であれば、電子署名法3条により、「成立の真正」が推定される[11]。一方、電子契約であっても、電子署名が付されてないもの等については、「成立の真

9）①作成名義人の印章による印影が顕出される場合、特段の反証のない限り、当該印影は、本人の意思に基づいて押印されたものであることが推定され（一段目の推定。最三判昭和39・5・12民集18巻4号597頁）、②その推定により、民事訴訟法228条4項の要件が満たされることにより、当該文書全体が真正に成立したことが推定される（二段目の推定）。

正」は推定されない。もっとも、このような推定がされない電子契約であったとしても、メール上の記録等の周辺的な事情から「成立の真正」を証明し、民事訴訟法上の証拠として用いることは可能である。

⑶　電子帳簿保存法上の電子契約の位置付け

　前記 **5** 記載のとおり、保存義務者は、「電子取引」（＝「取引情報」の授受を電磁的方法により行う取引）を行った場合、「取引情報」に係る電子データを一定の要件に従って保存する必要があり、この「取引情報」には、「取引に関して受領し、又は交付する……契約書……に通常記載

---

10) 公開鍵暗号技術については、**表6**の＊参照。電子署名法2条1項において、「電子署名」の定義は、以下のとおり定められているが、公開鍵暗号技術を用いた電子署名については、同項所定の「電子署名」に該当する。
　　電磁的記録に記録することができる情報について行われる措置であって、次の要件のいずれにも該当するもの

> ①当該情報が当該措置を行った者の作成に係るものであることを示すためのものであること（本人性の要件）
> ②当該情報について改変が行われていないかどうかを確認することができるものであること（非改ざん性の要件）

　　なお、「十分な暗号強度」を持つという点は、「成立の真正」に係る推定効を定める同法3条の「これ〔注：電子署名〕を行うために必要な符号及び物件を適正に管理することにより、本人だけが行うことができることとなるもの」との要件との関係で要求される。
11) なお、**表6**記載の事業者署名型については、（契約当事者自身ではなく）サービス提供事業者が取得・管理する秘密鍵により電子署名が付されることから、電子署名法2条1項所定の「電子署名」に該当するか否か、および、同条3項所定の「成立の真正」に係る推定効が及ぶか否か、という点が問題となり得るが、官公庁が公表する資料によれば、「技術的・機能的に見て、サービス提供事業者の意思が介在する余地がなく、利用者の意思のみに基づいて機械的に暗号化されたものであることが担保されているものであり、かつサービス提供事業者が電子文書に行った措置について付随情報を含めて全体を1つの措置と捉え直すことによって、当該措置が利用者の意思に基づいていることが明らかになる場合」であり、「①利用者とサービス提供事業者の間で行われるプロセス及び②①における利用者の行為を受けてサービス提供事業者内部で行われるプロセスのいずれにおいても十分な水準の固有性」が確保されている場合（①については、二段認証等、②については、システム処理が利用者に紐付いて適切に行われること等）には、法2条1項所定の「電子署名」に該当し、同条3項所定の「成立の真正」に係る推定効が及ぶものとされている（総務省・法務省・経済産業省「電子署名法2条1項に関するQ&A」（https://www.meti.go.jp/covid-19/denshishomei_qa.html）、「電子署名法3条に関するQ&A」（https://www.meti.go.jp/covid-19/denshishomei3_qa.html）参照）。

される事項」が含まれている（法2条5項）。そのため、保存義務者が（電子署名が付されるか否かを問わず）電子契約を締結する場合には、電子帳簿保存法に従った電子データの保存が義務付けられることとなる。

　法務担当者が電子契約の導入に関与する場合も多いと考えられるが、電子契約の導入に際しては、上記のような電子帳簿保存法上の電子取引に係る電子データの保存義務にも留意する必要がある。

7　おわりに

　本章では、電子帳簿保存法上の制度および電子契約と電子帳簿保存法との関係について、概説した。電子契約の導入も含むDXを推進する場合、法務担当者としては、電子帳簿保存法についての理解を深め、法令を遵守する形で、社内規程の整備を始めとする社内体制の構築に関与することが望ましい。

消費税のインボイス制度と独占禁止法

◇◇

1 はじめに

　平成 28 年度税制改正により、消費税法（以下「消法」という）の仕入
税額控除の方式として、適格請求書等保存方式（以下「インボイス制度」
という）が導入された（令和 5 年 10 月 1 日以降に適用開始）。インボイス
制度の下では、仕入税額控除の要件として、原則として適格請求書発行
事業者から交付を受けた適格請求書の保存が必要となる。

　インボイス制度の適用開始に伴い、各企業においてシステムの整備等
のためのコストや事務負担が生じることとなるが、一部の企業において
は、これに留まらない問題が生じる可能性がある。すなわち、従来、免
税事業者である取引先事業者（個人事業主等）から課税仕入れを行い仕
入税額控除を行ってきた企業においては、インボイス制度の適用開始後
は、当該取引先事業者から適格請求書の発行を受けない限り、同様の仕
入税額控除を受けられないことになる。しかしながら、免税事業者であ
る取引先事業者に対して適格請求書発行事業者への登録を要求すること
について、独占禁止法や下請法の観点から問題となるリスクがある点が
指摘されている。

　以下では、消費税における仕入税額控除とインボイス制度の内容を概

説するとともに、独占禁止法および下請法に関する留意点を解説する。

2　消費税と仕入税額控除

(1)　概要

　消費税とは、物品やサービスの「消費」行為に対して課される租税である。わが国の消費税は、(ⅰ)間接消費税（最終的な消費行為よりも前の段階で課税が行われ、税負担が物品やサービスのコストに含められて最終的に消費者に転嫁される消費税）[1]、(ⅱ)一般消費税（原則としてすべての物品およびサービスの消費に対して課される消費税）[2]、(ⅲ)多段階消費税（製造から小売に至る複数の段階で課税する消費税）[3]、(ⅳ)附加価値税（多段階一般消費税のうち、各取引段階の附加価値を課税標準として課されるもの）[4]といった性格を有する[5]。

　かかる性格により、消費税は、最終的な負担者は消費者である一方で、納付は各取引段階における事業者が行うという特色を有することになる[6]。

図　付加価値税としての消費税の課税イメージ

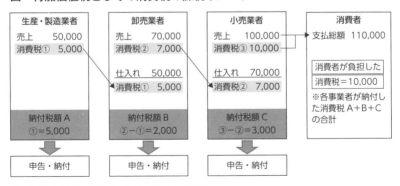

---

1) これに対して、ゴルフ場利用税（地方税法75条以下）のように、最終的な消費行為そのものを対象として課される消費税を直接消費税という。
2) これに対して、法令の定めによって特に課税の対象とされた物品やサービスに対してのみ課される消費税を個別消費税という。
3) これに対して、1つの取引段階（製造、卸売、小売）でのみ課税する消費税を単段階消費税という。

(2)　消費税の計算方法

　前記(1)の附加価値税としての性格から、消費税の納付税額は、課税売上げに係る消費税額から、課税仕入れ等に係る消費税額を控除して計算される。かかる課税仕入れ等に係る消費税額の控除を「仕入税額控除」という（消法 30 条 1 項）。仕入税額控除には、実額による控除と、概算による控除（簡易課税制度）の 2 つの方法が認められている[7]。

　仕入税額控除の前提として、課税仕入れを証明する証拠の存在が必要となるが、わが国の消費税法は、従来、事業者の負担を軽減するとの観点から、帳簿・請求書の保存を求め、その記載に基づく控除を認める方式（帳簿方式ないし請求書等保存方式）を採用してきた。しかしながら、平成 28 年度税制改正により、わが国においても、適格請求書（インボイス）の保存を要件として仕入税額控除を認める、インボイス制度が採用されることとなった（令和 5 年 10 月 1 日以降適用開始）。

	（区分記載）請求書等保存方式[8] 〜令和 5 年 9 月	適格請求書等保存方式（インボイス制度） 令和 5 年 10 月〜
帳簿	一定の事項が記載された帳簿の保存	同左
請求書等	（区分記載）請求書等の保存	適格請求書（インボイス）の保存

(3)　納税義務者（課税事業者と免税事業者）

　消費税の納税義務者は、国内取引については、課税資産の譲渡等および特定課税仕入れ[9]を行った事業者とされている（消法 5 条 1 項）。し

4）これに対して、売上金額を課税標準として課される消費税を取引高税という。

5）以上につき、金子宏『租税法〔第 24 版〕』（弘文堂、2021）801〜812 頁参照。

6）国税庁「消費税のあらまし（令和 3 年 6 月）」（https://www.nta.go.jp/publication/pamph/shohi/aramashi/01.htm）1 頁を参考に作成。

7）ただし、簡易課税制度は、基準期間における課税売上高が 5,000 万円以下の中小事業者のみに認められる制度であるため、大企業における利用は基本的に想定されない（消法 37 条）。簡易課税制度の適用を受けるためには所轄税務署長への事前届出が必要となる（同条 1 項）。

8）令和元年 10 月 1 日より導入された軽減税率（複数税率）制度に伴い、税率ごとの区分経理を行うことを可能にするため、従来の請求書等保存方式から請求書等への記載内容や帳簿への記載方法を修正した区分記載請求書等保存方式が、経過措置として採用されている。

9）課税仕入れのうち特定仕入れに該当するものをいう（消法 5 条 1 項）。

たがって、国内において物品の販売やサービスの提供を行う事業者であれば、基本的には消費税の納税義務を負うことになる（このような事業者を「課税事業者」という）。

　ただし、小規模零細事業者の事務負担を軽減する等の理由から、その課税期間の基準期間[10]における課税売上高が 1,000 万円以下の事業者は、その課税期間における消費税の納税義務が免除される（消法 9 条 1 項。このような事業者を「免税事業者」という）。もっとも、免税事業者は、消費税の納税義務を負わない一方で、仕入税額の控除・還付を受けることもできないため、経常的に還付の生じる事業者等においては、免税事業者であることが不利に働く場合もある。そこで、免税事業者であっても、税務署長への届出により、課税事業者となることを選択できる（同条 4 項）。

3　インボイス制度の概要

(1)　仕入税額控除の要件としての適格請求書の保存

　インボイス制度のもとでは、仕入税額控除の要件として、従来の（区分記載）請求書等保存方式と同様の帳簿保存に加えて、原則[11]として、適格請求書発行事業者から交付を受けた適格請求書（インボイス）の保存が必要となる（令和 5 年 10 月 1 日以降の消費税法（以下「新消法」という）30 条 7 項から 9 項、57 条の 4 第 1 項）[12]。すなわち、インボイス制度のもとでは、免税事業者や消費者等、適格請求書発行事業者以外の者か

---

10)　(i)個人事業者についてはその課税年度（課税期間）の前々年、(ii)法人については原則としてその事業年度（課税期間）の前々事業年度をいう（消法 2 条 1 項 14 号）。

11)　3 万円未満の公共交通機関による旅客運送等、一定の取引については、請求書等の交付を受けることが困難である等の理由から、帳簿のみの保存で仕入税額控除が認められる（新消法 30 条 7 項、同法施行令 49 条 1 項、同法施行規則 15 条の 4）。

12)　なお、インボイス制度のもとでも、買手側において作成する仕入明細書等を保存することにより仕入税額控除の適用を受けられるが、この場合、課税仕入れの相手方（売手）の適格請求書発行事業者としての登録番号の記載が求められ、かつ相手方（売手）の確認を受けたものに限られる（新消法 30 条 9 項 3 号、同法施行令 49 条 4 項 2 号）。

ら行った課税仕入れは、原則として仕入税額控除の対象とならない[13]。

　ただし、取引への影響に配慮した経過措置として、免税事業者からの仕入れであっても、消費税相当額の一部（制度実施後 3 年間は 8 割、その後の 3 年間は 5 割）について、仕入税額控除が可能とされている（消法 28 年改正法附則 52 条、53 条）。

(2)　適格請求書発行事業者

　適格請求書を交付することができるのは、税務署長の登録を受けた「適格請求書発行事業者」に限られる（新消法 57 条の 2 第 1 項から 4 項）。

　また、適格請求書発行事業者の登録を受けられるのは、課税事業者に限られている（新消法 57 条の 2 第 1 項括弧書）。したがって、免税事業者が適格請求書発行事業者として登録を受けるためには、原則として、届出を行い課税事業者となる必要がある[14]。

4　インボイス制度への対応に関する独占禁止法上の留意点

(1)　インボイス制度導入の影響

　インボイス制度の導入に伴い、(ⅰ)適格請求書発行事業者となる売手では、請求書等の記載事項やシステムの改修等への対応、(ⅱ)仕入税額控除を行おうとする買手では、仕入先が適格請求書発行事業者かどうかの確認や、インボイスが記載事項を満たしているかどうかの確認といった制度対応が必要となる。

　しかしながら、これに加えて、従来免税事業者（例：課税売上高 1,000 万円未満の個人事業主）から課税仕入れを行う類型の事業を行ってきた企

---

13) なお、中小事業者における簡易課税制度については、課税仕入れの相手方（売手）が適格請求書発行事業者か否かにかかわらず引き続き適用が受けられる。

14) ただし、経過措置として、令和 5 年 10 月 1 日から令和 11 年 9 月 30 日までの日の属する課税期間中においては、免税事業者であっても課税事業者としての届出をせずに適格請求書発行事業者として登録を受けることができ、この場合、当該事業者登録日から課税事業者となる（消法 28 年改正法附則 44 条 4 項、消費税の仕入税額控除制度における適格請求書等保存方式に関する取扱通達（インボイス通達）5-1）。

業においては、当該事業者が適格請求書発行事業者として登録しない限り、引き続き仕入税額控除を行うことができないこととなる[15]。そこで、買手から売手に対して適格請求書発行事業者への登録を求めること（また、登録を行わないことを理由として取引条件を見直すこと）について、特に独占禁止法や下請法の観点から認められるか否かが問題となる。

(2)　公取委Q&A

　以上について、公正取引委員会は「免税事業者及びその取引先のインボイス制度への対応に関するQ&A」（以下「公取委Q&A」という）を公表し[16]、その考え方を明らかにしている。

　公取委Q&AのQ8は、一般論として、インボイス制度の実施を契機とした取引条件の見直しそれ自体が直ちに問題となるものではないとしつつ、一定の場合には独占禁止法上の優越的地位の濫用[17]（または下請法違反）として問題となり得る旨を指摘している。その上で、具体的な行為類型として、以下を挙げている。

　ア　取引対価の引き下げ[18]
　イ　商品・役務の成果物の受領拒否、返品[19]
　ウ　協賛金等の負担の要請等[20]

15）ただし、前記 **3** (1)の経過措置の適用は認められる。
16）令和4年1月19日制定、令和4年3月8日改正。公正取引委員会ウェブサイト（https://www.jftc.go.jp/dk/guideline/unyoukijun/invoice_qanda.html）にて閲覧可能。
17）「優越的地位の濫用」とは、事業者が、①自己の取引上の地位が相手方に優越していることを利用して、②正常な商慣習に照らして不当に、③取引の相手方に対して不利益となるように取引の条件を設定したり、自己のために経済上の利益を提供させたりすることであり（独禁法2条9項5号）、かかる行為は「不公正な取引方法」として禁止されている。
18）下請法上禁止される下請代金の減額（同法4条1項3号）および買いたたき（同項5号）や、建設業法上の不当に低い請負代金の禁止（同法19条の3）にも抵触し得ると指摘されている。
19）下請法上禁止される受領拒否または返品（同法4条1項1号、4号）にも抵触し得ると指摘されている。
20）下請法上禁止される不当な経済上の利益の提供要請（同法4条2項3号）にも抵触し得ると指摘されている。

> エ　購入・利用強制[21]
> オ　取引の停止
> カ　登録事業者となるような慫慂等

上記アからオは、インボイス制度の実施後において、免税事業者からの取引につき仕入税額控除を受けられない買手が、取引上の地位が売手に優越していることを背景として、売手に対して取引条件の設定において一方的に不利益を与えることについて、独占禁止法ないし下請法上の問題が生じ得ることを指摘するものである。したがって、これらの行為を通じて、仕入税額に相当する金額の経済的負担を実質的に売手側に転嫁させる等の不利益を売手に与えるような場合には、独占禁止法ないし下請法に違反する可能性が生じることになると考えられる。

他方で、上記カについては、公取委Q&Aは、前提として、登録事業者となることの慫慂それのみで直ちに独占禁止法ないし下請法上の問題が生じるわけではないとの立場を明らかにしている。

その上で、「課税事業者になるよう要請することにとどまらず、課税事業者にならなければ、取引価格を引き下げるとか、それにも応じなければ取引を打ち切ることにするなどと一方的に通告すること」は問題となり得ると指摘し、その例として、①「免税事業者が取引価格の維持を求めたにもかかわらず、取引価格を引き下げる理由を書面、電子メール等で免税事業者に回答することなく、取引価格を引き下げる場合」や、②「免税事業者が、当該要請に応じて課税事業者となるに際し、例えば、消費税の適正な転嫁分の取引価格への反映の必要性について、価格の交渉の場において明示的に協議することなく、従来どおりに取引価格を据え置く場合」を挙げている。すなわち、買手が売手に対して、課税事業者になることを（取引条件の設定等を通じて）間接的に強制したり、課税事業者となることに伴い売手に生じる不利益について十分な手当てを行わない場合には、独占禁止法ないし下請法上の問題が生じ得ること

21）下請法上禁止される購入・利用強制（同法 4 条 1 項 6 号）や、建設業法上の不当な使用資材等の購入強制の禁止（同法 19 条の 4）にも抵触し得ると指摘されている。

になる。

　実務上問題となり得るのは、これらの中間的な形態と考えられる。特に、適格請求書発行事業者への登録を行った場合、売手は課税事業者となるため（前記 **3**(2)）、基本的に売手にとっては不利益となることから、買手からの要請に任意に応じているといえるか（当事者間の関係性、取引条件、取引慣行等を背景として、売手に事実上の強制力が働いていないか）が問題となるケースも想定される。しかしながら、公取委Q&Aでは、これら具体的なケースにつき網羅的に扱われていないため、実務上は個別事案に応じた慎重な検討が必要となる。

5　おわりに

　インボイス制度の導入に伴い、個人事業主等の免税事業者から課税仕入れを行ってきた事業者においては、これについて今後仕入税額控除が認められるか否かが、事業上きわめて大きな影響を及ぼす可能性がある。

　他方で、仕入先（売手）に適格請求書発行事業者への登録を求めることに関しては、独占禁止法や下請法の問題を惹起する可能性があることについて十分に意識する必要がある。法務担当者としては、税務担当者や事業部等とも連携し、適切な対応を慎重に検討することが求められる。

執筆者紹介

北村 導人*（きたむら・みちと）

PwC弁護士法人　パートナー代表　弁護士、公認会計士
2000年弁護士登録（53期）、1996年公認会計士登録
1994年慶應義塾大学卒業、2007a年New York University（L.L.M., International tax program）卒業

主な取扱分野

会計・税務が交錯する企業法務分野、税法アドバイス、税務調査対応、税務争訟、ESG/サステナビリティ関連法務、ウェルスマネジメント、M&A

主要著作

「近時の重要な税務裁判例と国際的潮流（BEPSプロジェクト）」研究紀要日税研論集73号（2018）、「恒久的施設（Permanent Establishment）課税を巡る現代的諸問題」金子宏監修『現代租税法講座 第4巻 国際課税』（日本評論社、2017）、『タックス・ヘイブン対策税制のフロンティア』（有斐閣、2013）（共編著）

黒松 昂蔵*（くろまつ・こうぞう）

PwC弁護士法人　弁護士
2010年弁護士登録（63期）
2009年東京大学卒業

主な取扱分野

税務アドバイス、税務調査対応、税務争訟、一般企業法務、M&A、リストラクチャリング関連法務

主要著作

「ユニバーサルミュージック事件にみる行為計算否認規定の適否に関する留意点（上）（下）」旬刊経理情報1649号・1650号（2022）（共著）

岡本　高太郎（おかもと・こうたろう）
弁護士・ニューヨーク州弁護士
2000 年弁護士登録（53 期）、2007 年ニューヨーク州弁護士登録
1999 年東京大学卒業、2006 年 New York University（L.L.M., International tax program）卒業
2022 年 9 月まで PwC 弁護士法人所属
主な取扱分野
コーポレート、M&A、ウェルスマネジメント、ヘルスケア
主要著作
「2010 年 10 月　岡三証券事件高裁判決（知財高裁平成 22 年 5 月 25 日判決）の検討」税務弘報 2010 年 10 月号（共著）、「ビジネス法務・財務　新興国の税務　マネジメント～想定外の課税に注意を」日経ビジネス 1566 号（2003）、「企業税制の理論と実務（7）デット・エクイティ・スワップをめぐる税法と商法の交錯」ジュリスト 1257 号（2003）（共著）

柴田　英典（しばた・ひでのり）
PwC 弁護士法人　弁護士
2013 年弁護士登録（66 期）
2010 年東京大学卒業、2012 年東京大学法科大学院卒業
主な取扱分野
税務アドバイス、税務調査対応、税務争訟、一般企業法務、M&A、金融規制対応/金融取引、テクノロジー
主要著作
「各種法人の基礎知識と事業承継（第 8～9 回）（医療法人①・②）」税務弘報 2022 年 8 月号・2022 年 10 月号（共著）、「特集 全 25 問で腕試し　法務部員のための印紙税トレーニング」ビジネス法務 2018 年 4 月号（共著）

望月　賢（もちづき・けん）
PwC 弁護士法人　弁護士
2018 年弁護士登録（71 期）
2014 年東京大学卒業、2016 年東京大学法科大学院卒業
主な取扱分野
金融規制対応/金融取引、不動産取引、一般企業法務、M＆A、テクノロジー、パブリックセクター
主要著作
「ドラマに見る仕事の盲点（第 1 回～）」銀行実務 Vol.52/No.9～（2021～）、「海外投資家等特例業務の概要等」PwC 弁護士法人ニュースレター

加藤 勇太（かとう・ゆうた）

PwC弁護士法人　弁護士

2020 年弁護士登録（73 期）

2009 年慶應義塾大学総合政策学部卒業、2011 年東京大学文学部卒業、
2017 年早稲田大学法科大学院卒業

主な取扱分野

M&A、テクノロジー、知的財産権、ESG/サステナビリティ関連法務

取引法務と会計・税務の勘所
——法務・経理・税務担当者の基礎知識

2023年2月14日　初版第1刷発行

編 著 者　　北 村 導 人
　　　　　　黒 松 昂 蔵

著　　者　　PwC弁護士法人

発 行 者　　石 川 雅 規

発 行 所　　株式会社 商 事 法 務
　　　　　　〒103-0027 東京都中央区日本橋 3-6-2
　　　　　　TEL 03-6262-6756・FAX 03-6262-6804〔営業〕
　　　　　　TEL 03-6262-6769〔編集〕
　　　　　　https://www.shojihomu.co.jp/

落丁・乱丁本はお取り替えいたします。　　　印刷／広研印刷㈱
© 2023 Michito Kitamura, Kozo Kuromatsu　　Printed in Japan
　　　　　　　　Shojihomu Co., Ltd.
　　　　ISBN978-4-7857-3009-3
　　　＊定価はカバーに表示してあります。